英语翻译教学方法理论研究

卢璨璨 著

天津出版传媒集团

天津人民出版社

图书在版编目（CIP）数据

英语翻译教学方法理论研究 / 卢璨璨著. — 天津 : 天津人民出版社, 2019.9
ISBN 978-7-201-14962-2

Ⅰ. ①英… Ⅱ. ①卢… Ⅲ. ①英语－翻译－教学研究 Ⅳ. ①H315.9

中国版本图书馆 CIP 数据核字(2019)第 162723 号

英语翻译教学方法理论研究
YINGYU FANYI JIAOXUE FANGFA LILUN YANJIU

出　　版　天津人民出版社
出 版 人　刘　庆
地　　址　天津市和平区西康路35号康岳大厦
邮政编码　300051
电子邮箱　reader@tjrmcbs.com

责任编辑　孙　瑛
封面设计　吴志宇

印　　刷　北京市兴怀印刷厂
经　　销　新华书店
开　　本　710毫米×1000毫米　1/16
印　　张　12.75
字　　数　217千字
版次印次　2021年1月第1版　2023年4月第2次印刷
定　　价　68.00元

版权所有　侵权必究

前　言

英语是当今世界上主要的国际通用语言之一，也是世界上使用最广泛的语言。随着科学技术和全球化的进一步发展，英语的重要性无疑会更加凸显。掌握一门外语以主动融入国际交流是目前乃至未来社会人才必备的重要素质之一。

进入21世纪以来，中国已全面融入经济全球化、知识信息化的浪潮，在以和平与发展为时代特征的地球村中扮演着越来越重要的角色，也面临着越来越多的机遇和挑战。随着经济的发展和技术的进步，英语翻译与教学也在悄然发生着变化，这要求我们在新形势的指引下，依托新的教学环境，应用新的教学方法，设计新的教学模式，开发新的教学资源，实施新的教学过程。同时教学环境和教学条件的变化，对教师和学生也提出了新的要求。

翻译作为语言学习的主要发展方向之一，在语言学习与应用中占有十分重要的地位。不同语言的人之间可以通过翻译进行交流。英语翻译可以让我国和外国之间的文化交流得到发展，良好的翻译可以推动国际社会的发展，促进我国经济、文化更多地走上国际舞台。

本书的撰写旨在帮助各类和各层次的英语教师和师范类学生，在教学实践中根据现代社会对实用型英语人才的要求和不断变化的教学环境，采用合理的教学与学习手段，保证英语教学的有效性。

本书系统地阐述了当前英语翻译的相关知识，结合我国英语教学实践，对当前英语翻译的发展趋势及其教学工作进行了深入的分析与研究。本书共分六章，主要内容包括导论、英语翻译理论概述、英语教学理论概述、英语学习过程中存在的问题、词汇、句子及语篇的翻译以及环境差异化背景下翻译中存在的问题等。

本书可以作为从事英语教学行业从业人员以及英语教育研究人员参考用书。

本书在写作过程中借鉴了相关学者的研究成果，在此表示诚挚的感谢。

目　　录

第一章 导 论

第一节 中国及西方翻译的历史延伸

一、中国翻译发展历程

中国是一个具有几千年文明历史的古国。据文字记载，早在周代就有了翻译活动。夏商周时期，人们之间的通信十分频繁，许多不同的民族和部落居住在同一块疆域内是十分普遍的。据《左传》记载，仅在周朝领土上就有山戎、犬戎、白狄、赤狄、戎蛮子等十多个部族。这些不同的部族与居住在中原的华族在语言、饮食、风俗文化等方面有很大的不同。《左传·襄公十四年》记载，戎族酋长戎子驹支曰："我诸戎饮食衣服，不与华族同，贽币不通，言语不达。"华族要与诸多异族交往，就必须有翻译。在《周礼》《礼记》中均有对周朝翻译官职的记载。

《后汉书·南蛮传》记载了周代的口译："交趾之南有越裳国。周公居摄六年，制礼作乐，天下和平。越裳以三象重译而献白雉。"象，即翻译官，后专指翻译南方语言的翻译官。《礼·王制》中说："中国，夷、蛮、戎，五方之民，言语不通，嗜欲不同，达其志，通其欲，东方曰寄，南方曰象，西方曰狄鞮，北方曰译。"除"译"之外，"寄""象""狄鞮"均为翻译官。

西汉人刘向在《说苑·善说》中记载了鄂君子皙请人翻译《越人歌》一事，是我国较早关于笔译的记录。《后汉书·南蛮西南夷列传》中记载有白狼王唐写的《慕代诗》三章，即《远夷乐德歌》《远夷慕德歌》和《远夷怀德歌》。《列传》不仅记载了这三首诗的作者、译者姓氏，而且保存了这三首诗的原文汉字记音。这是我国的诗歌翻译最早的文字记载。

从汉代起，由于在政治、军事上与北方交涉频繁，“译”逐渐成了总称。“翻”字也从东汉起使用。南北朝时期的佛经译著中已开始使用“翻译”二字。

中国历史上出现过四次翻译的重要时期。第一个时期是东汉至隋唐时期的佛经翻译，第二个时期是明末清初的自然科学翻译，第三个时期是近代的文学翻译，第四个时期是中华人民共和国成立后。这四个时期留下了丰富的译学思想和翻译资料，为现、当代翻译学奠定了基础。

（一）第一个时期

人们对佛经翻译的起源观点不一，一般认为，西汉哀帝刘欣时期的《浮屠经》当为我国最早的佛经译本。大规模的佛经翻译则始于东汉恒帝建和二年（公元 148 年），译者有安息（即波斯）人安清与西域月氏人支娄迦谶（支谶）。安清，字世高，天资聪颖，笃信佛教，精于西域语言且通晓汉语，译有《大安般守意经》等 35 部经书，开后世禅学之源，被尊为中国译经的先驱。所译佛经“义理明晰，文字允正，辩而不华，质而不野，为翻译之首”（慧皎:《高僧传》）。支娄迦谶和他的弟子支亮及再传弟子支谦都博学多闻，以翻译佛经闻名于世，当时有“天下博知，不出三支”之说。支谦不仅译经多，而且对翻译理论有精深的研究。其所著《法句经序》是现存最早的翻译理论文章。文中提出了“文”与“质”两种对立的翻译观，并对质派观点作了细致的阐述。

中国第一位本土翻译大家及翻译理论家当推道安。道安（314—385），俗姓卫，常山扶柳（今属河北省）人。他组织翻译了经书 14 部 187 卷，共 100 万余字，还厘定了翻译文体。道安还创造性地总结了翻译规律，提出了著名的“五失本，三不易”的翻译原则。“五失本”即认为前代译经有五种改变原梵文经书的表达方式的情况，“三不易”大体上说因为时间的推移造成习俗的改变、译者才智远不如原经的圣人作者、译者态度精力上的不足三个方面导致翻译很不容易。道安主张直译，他说，他所监译的经卷，要求“案本而传，不令有损言游字；时改倒句，余尽实录”。道安的翻译思想对后世影响巨大。

比道安稍晚的鸠摩罗什（350—409）从小熟悉梵文胡语，十几岁就通晓佛经，主持翻译的佛经达 400 多卷。主张“意译”，其译文不拘原文体制，变通达顺。但其意译并非没有节制，依然“务在达旨”，达到了很高的成就，“有天然西域之语趣”。鸠摩罗什倾向于“不可译论”。他说，改梵为秦，“有似嚼饭与人，非徒失味，乃令呕秽也。”“嚼饭与人”的妙喻，即出于此。

隋文帝统一中国后，大举兴佛，开启了佛教发展的新高峰。玄奘（600—664），通称“唐三藏”“三藏法师”，俗姓陈，名炜，洛阳人，13 岁即落发为僧。于唐太宗贞观三年（629 年）冲破官府的重重阻挠，西去印度学佛求经。17 年间，刻苦学习梵语与西域语言，考察当地风土人情，对佛学研究更是不遗余力。贞观十九年（645 年）学成回国，带回梵文经书 657 部和大量佛物，受到热烈欢迎。随后立即在唐太宗的支持下建立译场，潜心翻译佛经，传布佛学要义。19 年共译经 75 部，1335 卷，占唐代新译佛经半数以上。同时还将《老子》《大乘起信论》等译成梵文，传入印度。他主持的译场有完备的组织，特别注重译文的检查和修改，即使现在来看也是十分科学的，因此成为后世译场的楷模。据后人研究，玄奘的翻译熟练地运用了补充法、省略法、变位法、分合法、译名假借法、代词还原法等技巧，但其本人对翻译理论却鲜有论述，目前能见到的只有记载于《大唐西域记》序言中的“五不翻”观点，即五种音译的情况。音译即不翻之翻。五种情况是：咒语之类的神秘语，多义词，中国无对应物的词语，通行已久的音译，以及为弘扬佛法需要的场合。尽管“五不翻”主张精到全面，但与玄奘在翻译实践上取得的成就相比，还是很不相称的。

玄奘以后，佛教活动逐渐走向平淡，以潜在方式成为中国文化深层结构的一部分，佛经翻译日趋衰落。北宋译经尚有余响，南宋以后则几近销声匿迹了。

（二）第二个时期

从 16 世纪初叶起，葡萄牙、荷兰、西班牙、英国等欧洲资本主义国家的殖民主义者就开始相继对我国东南沿海进行海盗掠夺。与此同时，西方的耶稣会传教士也先后进入中国进行宗教活动，从 16 世纪末到 18 世纪持续近 200 年时间，这些传教士的使命就是向东方进行宗教扩张。在传教的同时，他们向中国人介绍了大量的自然科学知识。他们翻译了一些天文、数学、机械等自然科学著作，使中国人首次接触到西方科学技术知识，开阔了视野，增长了见识，并对中国以外的事物有了感性的认识。这一时期，意大利人利玛窦与我国近代科学的先驱徐光启合作翻译的《几何原本》前六卷最具代表性，影响最大。利玛窦，意大利传教士，学习过汉语，对中国文化有一定的认识和了解。他外表儒雅，会说中国话，熟知“四书”“五经”，1583 年来中国后，很快为明清之际中西文化交流打开了新局面。徐光启，中国近代科学的先驱人物，杰出的爱国科学家和科学文化的领导者，是最早将翻译的范围从宗教、文学扩大到自然科学的翻译家。他认为，科技翻译就是吸取别国多年积累的科技成果，尽快地为我所用，以此壮大自身。利玛窦还与另一些近代科学的先驱人物如李之藻、杨廷筠、叶向高等人合作，翻译了一些有关天文、历算和其他自然科学的书籍。1857 年，英国人伟烈亚力与中国著名翻译家李善兰合作翻译了《几何原本》的后九卷，延续了几乎中断 200 年的科技翻译。据不完全统计，耶稣会传教士在华 200 年间，共翻译西书 437 种，其中宗教书籍 251 种，自然科学书籍 131 种，人文科学 55 种。这些科学书籍对于普及西方科学知识、促进中国自然科学的发展具有一定的积极作用。

（三）第三个时期

第三个时期指鸦片战争至中华人民共和国成立这个时期。这一时期的一个显著特点就是翻译的主体发生了变化。第一个时期的翻译主体多是西域高僧，第二个时期是耶稣会传教士，第三个时期则是中国的知识分子，这一特点在甲午战争后更加明显。近代以来，不少仁人志士为了强国，加强了对西方科学技术的学习和研究。政府开办了不少外文学校，同时向国外派遣留学生。像京师同文馆内就设有英文馆、法文馆、俄文馆，后增加德文馆，成为我国第一所培养外语人才的专门学院。而后又有上海方言馆和广东方言馆。此外，教会学校和新式学堂也设有外语专业和外语课程，培养了大批外语人才。同时，一大批留学美国、欧洲、日本等地的学生也成为这一时期翻译的主体。

这一时期的翻译，除个别是几个人合作，如典型代表人物林纾外，绝大部分的翻译均脱离了合作的方式而由个人独立完成。其中绝大部分作品是文学翻译作品。从近代翻译的历程看，首先是科学翻译，而后是社会科学翻译，最后是文学翻译。文学翻译虽来得较迟，却对我国的翻译产生了深远的影响。

鸦片战争失败后，中国的有识之士逐渐觉醒，主张学习西方的军事技术和机器制造。基于这种思想，这一时期他们翻译了大量的算学、测量、水陆兵法、天文学、化学、力学、文学、医学、汽车制造等方面的书。据统计，近代早期最大的翻译机构江南制造局译书馆所译163种著作中自然科学译书就占80%以上。

19世纪70年代，中国开始派遣留学生出国。1872年夏末，在陈兰彬带领下，第一批30名学生赴美国深造。这些人通过在国外的考察、学习，深感西方之强大，并非完全在于枪炮和科学的发达，还在于先进的社会制度和文化，于是着手翻译此类书籍。其中以严复为代表，他先后翻译了十多种西方资产阶级的哲学、经济学、社会学等著作，最有代表性的为八大社会科学名著，其中《天演论》影响极大。甲午战争后，文学翻译继续涌现。1899年，林纾与王寿昌合译《巴黎茶花女遗事》，开启了文学翻译的新纪元。20世纪初，文学翻译走向繁荣。纵观近代翻译史，最有代表性的翻译家仍然首推严复和林纾二人。严复在翻译《天演论》时提出“信、达、雅”的翻译标准备受后人推崇，至今仍对译学理论研究产生影响。林纾不懂外文，靠与口译者合作，翻译了160余种小说，成为我国近代翻译西方小说的第一人。

五四运动期间，文学翻译成为主流，基本上各文学社团和文学流派都有自己的译论主张和独树一帜的翻译家。文学研究会的茅盾、郑振铎从现实主义角度提出翻译为社会服务；创造社的郭沫若从浪漫主义的角度强调译者主观感情的投入；新月派的徐志摩、朱湘等在诗歌翻译上有突出贡献；由众多文艺流派整合而成的左联主张翻译为中国革命现实服务，注重唯物史观的文艺批评著作和苏联社会主义现实主义作品的翻译。其间最著名的翻译理论家当推鲁迅，他认为中国语言文字不足以表现深刻的思想和社会生活的新变化，提出“宁信而不顺”的直译策略，他还对翻译的宗旨、重译、复译、翻译批评等有过深入的论述。朱生豪翻译莎士比亚戏剧（以下简称莎剧）是该时期甚至整个中国翻译史上的大事。朱生豪（1912

—1944）大学毕业后不久，出于对莎剧的热爱和强烈的爱国热情，开始翻译莎士比亚戏剧全集。在战火中忍受着饥饿、疾病的折磨，耗尽心力，10 年间共译出莎剧 31 种半，在再译五种半即成全璧的情况下，终因重病含恨辞世。朱生豪精通英语，又有扎实的中国古典诗词功底，因此他译的莎剧质量极高，数十年来受到学界内外的好评。

（四）第四个时期

中华人民共和国成立后，翻译遵循党的文艺方针，强调为社会主义服务。从中华人民共和国成立到 1966 年的 17 年间，文学翻译以苏联等社会主义国家作品及亚非拉国家作品的译介为主。俄国古典文学、批判现实主义文学、苏联现当代文学的重要作家都有译介，甚至普希金、列夫·托尔斯泰、高尔基、奥斯特洛夫斯基、法捷耶夫等名家的作品几乎全部译出，翻译家有吕荧、刘辽逸、汝龙等。亚非拉文学翻译家有楼适夷、季羡林等。比较而言，出于意识形态的原因，欧美作品的翻译着力不多，但也并非一片空白。英国文学方面，卞之琳用诗体翻译了莎士比亚悲剧《哈姆雷特》，传达了莎剧的气势；张谷若翻译哈代的小说真实准确，晓畅通达；还有朱维之译弥尔顿的《复乐园》，查良铮译英国浪漫主义诗歌等，都取得了很高的成就。法国文学方面，傅雷翻译巴尔扎克的《人间喜剧》，赵少侯着重翻译莫里哀的喜剧，罗玉君翻译司汤达和乔治·桑的小说。德国文学翻译家有冯至、张威廉、钱春绮、傅惟慈等，基本上把具有世界影响力的德语作品都译介过来了。翻译事业于改革开放中迎来了自己的春天，大大拓宽了翻译的范围，提高了翻译的质量，规模之大、影响之广不亚于历史上任何一次翻译高潮。可以说，没有翻译，就没有新时期各个文化领域的大发展。

第四个时期的翻译理论也取得了重大进步。傅雷在 1951 年为《高老头》撰写的《重译本序》中说：“以效果而论，翻译应当像临画一样，所求的不在形似而在神似。”这就是著名的“重神似不重形似”的翻译标准。钱钟书于 1963 年在《林纾的翻译》中提出“翻译的最高境界是化境”，从而将中国传统翻译理论推向了顶峰。改革开放后，中国翻译研究在继续发展，不过思考的资源与灵感大都来源于西方，与传统翻译理论相去甚远。

二、西方翻译的发展历程

《旧约·创世纪》中说，上帝创造了人，又因人类作恶多端，故发大洪水淹灭。大洪水过后，人们由西向东迁徙，来到一处平原，于是停下来修建一座城和一座塔，塔顶要通天。上帝大惊，不悦，遂使人的口音变乱，彼此不通言语，无法进行交流，停止修塔，散居各地。这或许可以看作产生翻译的原始根源。

一般认为，西方翻译理论可分为五个时期，即古代时期、中世纪时期、文艺复兴时期、近代时期和现（当）代时期。西方翻译理论较之于中国翻译理论更加系统、全面，有较完整的体系和清晰的发展脉络。

（一）古代时期

西方古代第一部重要的译作是《圣经·旧约》的希腊语译本。公元前 285 年，72 名知识渊博的希腊学者遵从埃及国王托勒密二世费拉德尔弗斯的旨意，聚集在亚历山大图书馆，为散居在各地的犹太人将用希伯来语写成的《圣经·旧约》译成希腊语。历时 36 年方得以完成，称为《七十子希腊文本》。公元 4 世纪末 5 世纪初，著名神学家哲罗姆（347—420）奉罗马教皇之命，成功地组织了《圣经》的拉丁文翻译，并将其命名为《通俗拉丁文本圣经》，该译本后来成为罗马天主教承认的唯一圣经文本。西方翻译理论发源于公元前 1 世纪。古罗马帝国政治家和演说家西塞罗发表了著名的《论演说术》。在这篇演说中他说：“我认为，在翻译时，逐字翻译是不必要的，我所做的是保留原文的整体风格及其语言的力量。因为，我相信，像数硬币一样地向读者一个个地数词，不是我的责任，我的责任是按照他们的实际重量支付给读者。”“按实际重量支付”即“保存原文的全部意义”。这段话首次谈到了直译和意译，明确提出反对逐字翻译。这个时期，翻译家们大都根据自己的翻译实践对翻译进行分析和论述，主要集中在直译还是意译这类问题上。奥古斯丁是与哲罗姆同时代的神学家、哲学家，对翻译理论有许多深刻的见解。他认为，翻译的基本单位是词；翻译有三种风格：朴素、典雅、庄严，其选用取决于读者的需求。他从亚里士多德的“符号”理论出发，认为忠实的翻译就是能用译入语的单词符号表达源语单词符号指示的含义，即译语词汇和源语词汇具有相同的“所指”。这套理论对后世有深远的影响。

（二）中世纪时期

中世纪时期即西罗马帝国崩溃至文艺复兴时期。英国阿尔弗雷德国王（849—899）是一位学者型的君主，用古英语翻译了大量的拉丁语作品，常常采用意译法，甚至近于创作。11—12 世纪，西班牙中部地区的托莱多形成了巨大的“翻译院”，主要内容是将阿拉伯语的希腊作品译成拉丁语，接续欧洲断裂的文化传统。中世纪末期出现了大规模的民族语翻译，促成了民族语的成熟。英国的乔叟翻译了波伊提乌的全部作品和薄伽丘的《菲洛斯特拉托》等，德国的维尔翻译了许多古罗马作品，俄国自基辅时期起翻译了不少希腊语和拉丁语作品，其著名的翻译家有莫诺马赫、雅罗斯拉夫等。翻译理论的代表人物有罗马神学家、政治家、哲学家和翻译家曼里乌·波伊提乌。他提出翻译要力求内容准确，而不要追求风格优雅的直译主张和译者应当放弃主观判断权的客观主义观点，这在当时产生了较大的影响。

（三）文艺复兴时期

从 14 世纪至 17 世纪初，西方翻译进入繁荣时期，产生了许多具有代表性的翻译家和有影响的翻译理论。英国翻译题材广泛，历史、哲学、伦理学、文学、宗教学，无所不及。查普曼先后翻译了荷马史诗《伊利亚特》和《奥德赛》，成就卓越。他认为翻译既不能过于严格，亦不能过分自由。人文主义者廷代尔，以新教立场翻译《圣经》，面向大众，通俗易懂，又兼具学术性与文学性，取得了巨大的成功。然而，他的翻译触犯了当时的教会权威。1535 年，教会以信奉宣扬异教的罪名将廷代尔处以火刑。荷兰德是英国 16 世纪最著名的翻译家，其翻译的题材多样，尤以历史翻译见长，著名作品有里维的《罗马史》、绥通纽斯的《十二恺撒传》等。法国的阿米欧于 1559 年翻译了《希腊、罗马名人比较列传》，内容忠实，文笔清新自然。他主张译者必须充分理解原文，译文要淳朴自然。语言学家、人文主义者多雷在其《论如何出色地翻译》中提出了翻译的基本准则：译者要完全理解翻译作品的内容；要通晓所译语言；语言形式要通俗；要避免逐字对译；要注重译文的语言效果。德国主要有路德的《圣经》翻译，遵循通俗、明了、大众化的原则，在官府公文的基础上吸收了方言精华，创造了本民族普遍接受的文学语言形式，为德国文化的发展做出了杰出贡献。路德认为，翻译必须采用平民化的语言；必须注重语法和意思的联系；必须遵循一些基本的原则。路德之所以能在翻译实践上取得成功，是和他的理念分不开的。德国另一位代表人物伊拉斯谟认为，翻译必须尊重原作；译者必须要有丰富的语文知识，必须保持原文的风格。

总体而言，这一时期对翻译的认识和讨论十分热烈，由此奠定了西方译学的理论基础。

（四）近代时期

从 17 世纪至第二次世界大战结束的近代时期是西方翻译的黄金时期。1611 年，英国出版了《钦定本圣经》，译文质朴典雅，音律和谐，是一部罕见的翻译杰作。不久，谢尔登译出了塞万提斯的《堂吉诃德》。蒲伯于 1715—1720 年在查普曼的基础上重译了《伊利亚特》和《奥德赛》。我默·伽亚谟的波斯语作品《鲁拜集》于 1859 年有了第一个英语译本，后几经修订，跻身英国翻译史上最优秀的译作之列。17 世纪法国文坛盛行古典主义，因此翻译以古希腊、古罗马的文学作品为主；18 世纪，法国向往古老神秘的中国，翻译了不少中国作品，元曲《赵氏孤儿》就是这个时期译介到法国的；19 世纪以西方各国文学的翻译为特色，莎士比亚、歌德、但丁、拜伦、雪莱的许多作品都有了法语译本。这个时期的翻译理论较为全面、系统，具有普遍性。其代表人物有：英国的约翰·德莱顿、亚历山大·弗雷泽·泰特勒，法国的夏尔·巴托。德莱顿对翻译进行了较为系统、全面的研究，认为翻译是一门艺术，译者必须掌握原作的特征，服从原作的意思，翻译的作品要考虑读者的因素。同时还将翻译分为三大类：逐字译、意译和拟作。泰特勒在

1790 年撰写的《论翻译的原则》一书中提出著名的“翻译三原则”：①译作应完全复制出原作的思想；②译作的风格和手法应与原作保持一致；③译作的语言应具备原作的通顺。

进入 19 世纪，德国逐渐成为翻译理论研究的中心。代表人物有神学家、哲学家施莱尔马赫，文艺理论家和翻译家施雷格尔，语言学家洪堡特。翻译研究的重点集中在语言和思想方面，逐步形成了一定的研究方法和翻译术语，从而把翻译研究从某一具体篇章中抽象分离出来，上升为“阐释法”。这种方法由施莱尔马赫提出，施雷格尔和洪堡特加以发挥。施莱尔马赫在《论翻译的方法》一文中较为全面地论述了翻译的类型、方法、技巧，形成了比较系统的翻译理论，在 19 世纪产生了重大影响，至今仍具有一定的现实意义和作用。其主要内容包括以下几点：①翻译分为笔译和口译；②翻译分灵活的翻译和机械的翻译；③必须正确理解语言思维的辩证关系；④翻译有两条途径，一条是尽可能忠实于作者，另一条是尽可能忠实于读者。

洪堡特进一步认为，语言决定思想和文化，语言差距太大则相互之间不可翻译，可译性与不可译性是一种辩证关系。洪堡关于“可译性”与“不可译性”的论述在今天同样具有重要的借鉴意义。

（五）现（当）代时期

众所周知，20 世纪上半叶爆发了两次世界大战，翻译和翻译理论研究受到极大的破坏而驻足不前，其间几乎没有有影响的翻译和翻译理论研究。然而，第二次世界大战以后，翻译和翻译理论研究则在西方迅速恢复并很快进入一个繁荣时期。

西方现（当）代翻译理论时期指从第二次世界大战结束至今，这一时期在翻译范围、形式、规模和成果方面都是历史上任何时期都无法比拟的。翻译理论研究在深度和广度方面亦取得了突破性的进展。这一时期，由于受现代语言学和信息理论的影响，理论研究被纳入语言学范畴，带有较为明显的语言学色彩；同时，由于在理论研究中文艺派的异常活跃，又使翻译理论研究带有明显的人文特征。所以，翻译理论的研究大都走科学与人文相结合的道路。而且，翻译研究更加重视研究翻译过程中所有的重要因素，包括语言使用者的社会因素等，以及它们之间的相互关系和产生的相互影响，并以此解决翻译中的各种问题，使翻译这门学科具有较为成熟的学科特征。

现（当）代翻译理论时期涌现出一大批在翻译理论与实践方面成绩卓著的人物，并逐渐形成了流派。主要包括：布拉格学派、伦度派、美国结构派、交际理论派或语言学派、交际学派、美国翻译研究班学派、文学—文化学派、结构学派、社会符号学派。这些学派的研究使西方翻译理论逐渐形成体系，趋于成熟。

第二节 翻译的概念

一、翻译的定义

定义的特点是用简明的语言说明被定义对象的本质。定义的目的就是通过把被定义为对象的事物与其他事物区分开来，进行符合逻辑的思维活动，以免因为概念混淆而影响思维效果和行动结果。下面选一些翻译的定义进行讨论，以期对翻译的本质、翻译的标准、翻译的目的、翻译的策略和方法及对翻译的评价等问题有一个比较立体的认识。

翻译是一个熟悉而又复杂的问题。说它熟悉是因为自从语言产生以来，翻译就开始存在了；说它复杂是因为对“翻译”这一概念的界定多元而不统一。艾弗·理查兹曾经说过，翻译很可能是宇宙进化过程中产生的人类最复杂的一类活动。所以翻译的定义也仁者见仁，智者见智。学者们从不同视角对翻译进行界定，如语言视角、符号视角、文学视角、文化视角、信息视角、交际视角、原作视角、译作视角、读者接受视角等。

美国翻译理论家尤金·奈达在《翻译理论与实践》（*The Theory and practice of Translation*）中这样定义：翻译是实践行为，而实践行为是以目的为导向的。当翻译的目的是尽量忠实于原文时，译文越忠实越好，但当尽量忠实于原文不是翻译目的时，则不应以译文是否十分忠实为评价译文的标准。因此，是否十分忠实于原文不能作为评价所有译文的标准。奈达的定义不仅忽略了翻译的生态环境对翻译行为的影响，还忽略了翻译是以目的为导向的实践行为，结果把某些翻译的标准等同于翻译本身，存在概念混淆的问题。

中国学者张培基认为，“翻译是运用一种语言把另一种语言所表达的思维内容准确而完整地重新表达出来的语言活动”。张先生的定义言简意赅，抓住了语际翻译的本质。但两个副词“准确”和“完整”扩大了语际翻译的内涵，因此限制了语际翻译的外延，使忠实于原文的程度区间问题变成了一个极端问题，存在以偏概全的问题。

中国学者许钧的定义是：“翻译是以符号为转换手段，意义再生为任务的一项跨文化的交际活动。”这个定义表达相对简洁，也没有使用“语言”，而是使用了“符号”，使得翻译定义的内涵与外延更为匹配和严谨，既包括“符内翻译”也包括“符际翻译”。但在逻辑上存在一些问题。符内翻译未必总是跨文化。比方说，用同一语言换一种方式解释一个术语、短语等都属于翻译的范畴，但不是跨文化交际活动。因此，用一种类型的特点作为同一范畴中所有类型的典型特征，犯了概念与范畴混淆的层次错误。如果“符号”在此特指语言系统的话，意义再生确实是“跨文化”的，但问题是，是否存在不是跨文化活动的语言系统间的信息转换活动？跨文化是语言系统间信息转换活动的本质属性之一，不提出来也没有人能否认它的存在，但单单提出这一属性，有挂一漏万之嫌，而且把属性之一与本质并置也存在着层次混淆的问题。“交际活动”的表达犯了类似的错误。事实上，翻译还是脑力活动、体力活动等许多不同性质的活动。另外，难道有什么符号间的意义再生不是交际活动吗？最后不得不强调的是，“符号”在此定义中的使用不够严谨，毕竟“符号”和“语言系统”不是同一个概念，不可相互替代，否则会出现概念不清、概念和范畴混淆的问题。

范仲英认为，“翻译是把一种语言的信息用另一种语言表达出来，使译文读者能得到原作者所表达的思想，得到与原文读者大致相同的感受”。这个定义不仅把翻译局限在语言之间，而且表达过于冗长，在强调作者思想时忽略了译者的主体性，同时把翻译行为的本质与众多的翻译行为结果并置，用翻译行为和翻译结果或效果两个不同的概念之间的关系界定翻译概念本身，存在概念、范畴、顺序等多方面的问题。此外，界定中出现的“译文”字样也有界定循环表达的嫌疑。

有的定义突出定义者倡导的理论视角，与其说是界定一个概念，还不如说是在凸显其理论的核心概念。如功能派翻译理论家诺德认为，“翻译是一种以原文本为基础的、有目的的、人与人之间的跨文化交际行为”。本定义凸显了翻译的目的和交际的特点。偏重于该理论的核心概念，语言表达也不够直接，没有提及语言或符号、信息转换等关键要素，只是用原文对其进行暗示却不提译文，需要读者进行一定的推理，缺乏简洁、直接、明了等“定义”必须具备的基本特征。

有的翻译定义突出了定义者的职业敏感度，带有强烈的学科色彩。如哲学家贺麟先生给翻译下的定义是：“翻译乃是译者（interpreter）与原本（text）之间的一种交往活动（communication），这种活动包含了理解、解读、领会、翻译等诸多环节，其客观化的结果即为译文（translation）。它是译者与原本之间交往活动的凝结和完成。”这个定义的突出特点是阐述了翻译涉及的与翻译相关的因素之间共时和历时的关系，带有明显的哲学色彩。其不足之处是表述过于冗长，与其说是对概念的界定，还不如说是对概念的解释。定义提及翻译的很多有机组成部分，但存在提及越多遗漏越多的问题，如翻译是“译者与原本之间的一种交往活动”。翻译主体何止译者与作者？出版商和读者等对翻译也有至关重要的影响。另有一个不足之处是用“译者”暗示两种语言，但译者与翻译有着千丝万缕的联系，用译者界定翻译有循环定义之嫌，因此并没有从根本上说明翻译的本质，只是将其暗含其中而已。

以上翻译概念是对翻译的狭义界定，但也有比较广义的翻译定义，不仅涉及翻译的行为，还涉及翻译的人和翻译行为的结果。汉语“翻译”在《现代汉语词典》中的定义为：

① 把一种语言文字的意义用另一种语言文字表达出来；把代表语言文字的符号或数码用语言文字表达出来。

② 做翻译工作的人。

③ 指翻译行为的结果。即译品或译作。

汉语“翻译”有三个含义：符内翻译和符际翻译、译者、译作。符内翻译指的是语言符号内部的翻译，符际翻译指的是语言符号与其他符号之间的翻译。这个定义是以语言为中心的，只包括单向地把其他符号表达的意义用语言符号表达出来，但不包括把语言符号表达的意义用其他符号表达出来。英语中“翻译”（一词）词是“translate”和“translation”，没有汉语中的“译者”含义。

似乎可以将翻译的定义更为简明地表述为：翻译是将一种语言符号所表达的意义用另一种语言符号（也称语符）来表达（Translation is a transformation in one language of what is written or said in another language）。这个定义中有三个关键词：语言符号、意义、转换。语言符号是翻译的物质介质，意义是连接纽带，转换是行为方式。至于以上诸定义中涉及的信息、文化、交际活动则在此定义中没有提及，因为语符本身是能指和所指意义的结合体，是信息、文化的载体，语符的主要功用就是交际，语符本身已包含了这些信息，所以翻译实质上就是两种语符间的转换，而两种语符间的信息转换只是更加通俗易懂而已。

但是，随着翻译实践和翻译学的发展，人们对翻译的认识也有了质的变化。翻译的本质是不同形式体现的意义在不同形式之间的转换。能够体现意义的形式有很多，形式在这里完全可以用物质来替代。物质分实体物质和抽象物质，它们本身都是有意义的，因此它们都可以被冠以符号的名称，任何符号之间的意义转换都可以被称为翻译。如用语言描述行为，用肢体语言、图画、信号等其他符号体现文字语言；即使是大脑中清晰或不清晰的思绪也是一种符号，它们都可以用语言描述出来。鉴于此，广义的翻译应该涵盖所有符号和符号系统，那么，翻译行为就是符号或符号系统之间的信息转换，而狭义的翻译才是语符间的信息转换。

翻译的定义有很多，现在只取一部分来讨论一下定义的特征和常见的翻译定义存在的问题。定义的主要目的之一是区分不同的概念。定义有以下特点：

第一，定义是对被定义概念的本质的描述，而非规范性地列举此本质的特征。

第二，概念具有唯一性的特点。如果不同的概念具有相同的本质，那就一定出现了概念和范畴混为一谈的层次错误。必须区分概念和其所属范畴，并对它们分别定义，凸显它们各自的本质，避免出现概念不同但内涵相同，相同概念的表征却存在本质差异的错误。

第三，定义的对象是概念，因此必须有十分抽象的特点。抽象则意味着笼统，而非具体量化，更不能看似面面俱到却多有遗漏。另外，定义抽象的属性也意味着语言表达应该简洁、逻辑性强，而非冗长、忽略其内在的逻辑性。定义是针对具体事物的抽象概念而言的。对概念的界定应该抓住被定义概念的本质，这是审美活动的中心问题，而对中心问题的认识则属于与中心问题相关的部分，它们是“在场的”和“不在场的”关系。对中心问题的认识是对它的深入挖掘。从不同的视角，用不同的认识方式，会挖掘出与中心问题相关的不同因素及它们之间的不同关系。被定义的概念是个体，而对一个概念的认识则必然会涉及其他概念，也必然会涉及范畴。对概念的认识是一个从个体到整体的全面的过程，涉及许多概念与范畴之间的关系。因此，在对概念进行界定时只需明示其本质即可。因为只要涉及对概念的认识，就必然涉及其他概念、范畴等。这种探究可以无穷无尽。在这个认识过程中，无论提及多少概念和范畴，都意味着有更多的概念和范畴被忽略。因此，把对概念的认识引入概念的界定，就会出现定义过长而阐述片面和本质不突出的问题。

因此，在界定概念时，应该区分本质与本质的表征，避免把概念、范畴、层次、范围、程度等杂糅在一起，同时要避免语义重复、语言表达繁简失当等问题。

二、翻译的本质

翻译究竟是什么？这是从事翻译的人一直想弄清楚的问题。在中外翻译史上，许多人从翻译实践和翻译理论研究出发，为翻译下了这样一些定义。

前国际译联主席、保加利亚女学者安娜·利洛娃教授在《普通翻译理论概要》一书中认为，作为一种过程，翻译是一种口头的或笔头的活动，目的在于把一种话语用另一种语言再现出来，并且保持原话的内容基本不变。就翻译的结果而言，译作是原文的类似物。

美国语言学家和翻译理论家奈达在《翻译的科学探索》一书中认为，翻译是指在译语中用最切近而又自然的对等语再现原语的信息，首先是意义，其次是文体。

苏联语言学家巴尔胡达罗夫认为，翻译是把一种语言的言语产物在保持内容方面，也就是意义不变的情况下改变为另一种语言的言语产物的过程。

张培基在《英汉翻译教程》一书中认为，翻译是运用一种语言把另一种语言所表达的思维内容准确而完整地重新表达出来的语言活动。

古今明在《英汉翻译基础》一书中指出，翻译是把一种语言所表达的思维内容用另一种语言表达出来的语言活动。

杨莉黎在《英汉互译教程》中认为，广义的翻译指语言与语言、语言变体与语言变体、语言与非语言等的代码转换和基本信息的传达。狭义的翻译是一种语言活动，是把一种语言表达的内容忠实地用另一种语言表达出来。

杨自俭认为，翻译是译者的一种特殊而复杂的思维活动过程。

王寅认为，翻译是一种认知活动，是以现实体验为背景的认知主体所参与的多重互动为认知基础的，译者在透彻理解源语言语篇所表达的各类意义的基础上，尽量将其在目标语言中映射转述出来，在译文中应着力勾画出作者所欲描写的现实世界和认知世界。

郭著章和李庆生在《英汉互译实用教程》中认为，翻译是一种艺术，一种双语艺术。严格地说翻译也是一门科学。

李运兴在《英汉语篇翻译》一书中给翻译下的定义是：翻译就是用译语语篇传达原语语篇的信息，以实现原语语篇及译者的交际目的。

陈宏薇在《汉英翻译基础》中认为，翻译是跨语言、跨文化的交际活动。翻译是科学，翻译是艺术，翻译是技能。

冯庆华在《实用翻译教程》一书中认为，翻译是许多语言活动中的一种，它是用一种语言形式把另一种语言形式里的内容重新表现出来的语言实践活动。翻译是一门艺术，是语言艺术的再创作。

叶子南在《高级英汉翻译理论与实践》中给翻译下的定义是：把原文中的意思在译文中表达出来。

就中外学者给翻译下的定义来看，有这样一些共同的东西：其一，翻译是一种语言活动；其二，翻译的目的是传递信息，进行交流；其三，信息（思维代码）不能失真，传递过程是一种艺术。根据笔者对翻译的研究和翻译实践的经验总结认为，翻译是通过一种语言活动实现两种文字之间所传递的文化信息的有效交流。翻译的目的就是促进各国不同文化的传播和交流；翻译的过程，要遵循文化信息传播和交流的有效途径的目的，要为人们所广泛接受和认同。

第三节 翻译的要求

随着改革开放政策的日益深化，中外交流日益广泛，翻译工作也显得日益重要。那么，何谓翻译？翻译是把一种语言所包括的思想、所表达的内容以及所隐含的意义用另一种语言恰如其分地、妥善完整地重新表达出来。与此同时，还需克服时空、文化背景、宗教信仰等方面因差异带来的诸多困难。翻译要尊重原著，忠实于作者，贴切地展现其立意和首创性，以求一个“信”字；保持原著风格，体现不同作者、不同体裁的特性，以求一个“达”字；吃透原著，不断地对两种语言进行对比、切换，注意其异同性，提高自身的文化修养，以求一个“雅”字。

一、翻译的基本要求

翻译是一种极其古老的人类活动形式，在人类历史上刚刚形成一些语言不同的集团时，就出现了“双语人”，帮助语言不同的群体之间进行交往。翻译从一开始就肩负了极其重要的社会功能，使人们的语言交往成为可能。其实说到翻译，大概总离不开这十二个字：辩证论译、实践出艺、才学打底。不管当今的译论如何繁多、精彩纷呈、令人目不暇接，也不管今后的翻译如何发展、如何充满层出不穷的新术语，抑或引进多少令人炫目的新系统、新模式，都要始终坚持这十二个字，用它们来指导人们的翻译教学、实践与理论研究。

翻译是一种语言活动，其范围极其广泛，它涉及人们生活的方方面面，如引进外国的家用电器、医药食品、护肤化妆品等需要翻译其使用说明书；撰写论文时要摘译一些国外文献、书籍的部分篇章或段落；随着国际交往的日益增多，尤其是在加入世界贸易组织之后，经济交往日趋频繁，再加上科学技术的迅猛发展，对翻译的要求越来越高。它要求译者不仅要拥有扎实的外语基本功，还要拥有本国语的语言基础和丰富的文化知识。

英国文人约翰逊博士说：译者必须精通两门语言[是两门语言的大师（双关语）]，他所掌握的两门语言各不相同，他的语言知识必须严谨；他的本国语知识必须实用。译者的语言素养是翻译质量最基本的保证。（A translator must be a master of two languages．His mastery must not be of the same sort in both tongue，for his knowledge of the foreign language must be critical，while that of his own must be practical．）

鲁迅也说过：“我向来以为翻译比创作容易，因为至少无须构思；但到真的一译就会遇到难关，比如一个名词或动词写不出，创作的时候可以回避，翻译上却不成，也还得想，一直想到头昏眼花，好像在脑子里摸一把急于要想打开箱子的钥匙，却没有。”这句话明确地告诉译者，翻译的要求是完整地、不折不扣地再现原著的风采。

随着文字的产生，除了这些做口译的人外，又出现了笔译工作者，他们翻译各种官方的、宗教的和商业的文件。笔译的推广使人们能够广泛地了解其他民族的文化成果，使不同民族的文学和文化能够互相作用、互相丰富。翻译在许多民族语言和文学的形成和发展中也起了重要作用，某类作品的出现往往以翻译为先导。众所周知，翻译是一门矛盾或问题最多最复杂的学科，这是因为：①翻译范畴的不确定性；②翻译体裁的多样性；③翻译内容的广泛性；④翻译主体对客体理解的差异性；⑤翻译者时空位置的变化性；⑥译文读者口味要求的不同性等。

诸多变化不定的因素，决定了翻译是一门跨学科、跨文化的综合学科。

翻译作品介绍了新的语言形式和文学形式，培养了广大读者。西欧各国的语言和文学在很多方面应归功于古典作品的翻译，翻译在古代俄罗斯文学中占有重要地位，在亚美尼亚、格鲁吉亚，以及其他许多民族文学的形成过程中起了重要作用。它涉及哲学（翻译学的指导学科）、语言学、符号学（翻译学的两大主要基础学科）、心理学、文化学、文艺学、美学、社会学、人类学、系统论、信息论等（翻译学的重要基础学科）。翻译对东方的印度、中国，以及亚洲其他国家文化发展也具有重大贡献。

翻译是人类社会发展到一定阶段产生的一种必不可少的语言中介手段，它是一种社会现象，是一种语际交际，即把一种语言话语转换为另一种语言话语的行为。因此，翻译所提出的问题，所遇到的矛盾，往往是多领域、多方位、多层次的。这就是为什么有的学科可以列举出很多定理、公式，而翻译中的几乎每一个重大问题都存在争论、分歧，长期得不到解决，始终没有一个“放之四海而皆准”的“翻译模式”被世人普遍接受与认同。但并不是任何语际转换都是翻译。也就是说，翻译或语际转换必须严格控制在一定范围之内，超出这个范围，就不能称其为翻译了。既然是翻译，那么在译语话语替换原语话语时必须保留某种不变的东西，保留的程度决定译文和原文的等值程度，而翻译的目的是尽可能使不懂原文的读者了解原文的内容。翻译应当忠实而完整地用另外一种语言的手段传达原文语言手段表达的东西（内容）。在翻译途中，陷阱遍布：语言陷阱、文化陷阱、历史陷阱等；稍有不慎，就会身陷其中，出现译文有悖原文的错误。并且常常会遇到“剪不断，理还乱”的各种关系与矛盾。这些关系与矛盾表达得确切与完整是翻译同改写、转述或简述等的区别所在。但是，保持原文表达的内容只是相对而言，在语际转换中不可避免地会有所损失。译文绝不可能与原文百分之百地等值，只能争取尽可能地等值，争取把损失减少到最小。

二、翻译的忠于原著要求

译者应当客观地表现原文，选择忠实解释原文所必需的、相应的译文表达手段。大而言之有：科学性与艺术性、可译性与不可译性、主体与客体、忠实性与创造性、原作风格与译文风格、直译与意译、形似与神似、异化与归化、等值与超越、语言与文化等；尤其是在翻译文学作品时，需要用另外一种文化语言氛围替代原文，而且要发挥译者的再创作能力。小而言之有：如何再现原文风格之藏与露、曲与直、疏与密、淡与浓、文与质，再现原文句式或表达方式之急与缓、短与长、强与弱、行与歇、纵与横、点与面，以及翻译技巧之增与减、顺与逆、分与合、正与反、抽象与具体、主动与被动等。语言在翻译中的作用和它在社会生活中一向所起的作用一样，它也是人类交往的最重要手段。因此，在翻译中用另外一种语言表达原作的思想时，必须使译文翻译全面、明确、真实，必须使译文符合译语规范。对于翻译中的诸多矛盾，古今中外的译论均有论述，但由于论者所取的立场与角度不同，或所涉及的翻译客体性质有别，或所处的语言、文化环境及时空位置不一，更重要的是，由于论者所持的世界观、认识论不同，往往造成对同一个问题的看法不一致，乃至相互对立、各执一词而互不相让。原作的内容同原作语言的形式有直接联系。翻译中必须突破原文和译文的语言单位在表达方面，即形式上的不同，以求得它们在内容上的一致。

翻译过程必然要分为两个阶段。为了进行翻译，首先必须透彻地理解原作，然后进一步在译语中寻找相应的表达手段（词、词组、语法手段）。自觉工作的译者，在任何条件下，都不可能在选择语言手段时持无所谓的态度。翻译本身的任务是客观地反映原作，它要求从正确诠释原作的角度选择相应的语言手段。国外的语言学派与文艺学派之争、国内的直译派与意译派之争，都是旷日持久、人人皆知的。要正确解决这些争论与矛盾，必须运用唯物辩证法。也就是说，要把翻译中所遇到的作者、译者、读者之间以及内容、形式、风格之间所引发出来的各种矛盾，看作对立与统一、作用与反作用、制约与反制约、互动与互补、相对稳定与不断发展的关系。翻译是一种言语活动，这就决定了在翻译过程中语言起决定性作用。但是在翻译过程中起作用的不仅仅是语言，还有超语言，它要表现在能够揭示多义的语言单位，包括词汇意义和语法意义。在翻译过程中，由于译语具有与原语不同的文化背景，因而，交际层次和话语层次都可能产生两种文化的差异和冲突。明确这一点对于全面理解翻译的实质是十分必要的，其中包括关于周围世界的知识和关于客观现实的知识。这些知识对于解释言语产物也起着很重要的作用，有时甚至起着比语言更大的作用。译界中的许多争论，很难说哪一方绝对正确，哪一方绝对错误，也很难说中西译论孰优孰劣；它们各有所长，亦各有所短；各有其真知灼见，亦各有其局限性。正确的态度应该是互相吸收、取长补短、彼此融合，即所谓“兼容并蓄”“统筹兼顾”，用一种相对的而非绝对的、唯物的而非唯心的、发展的而非凝固的观点，对具体问题进行具体分析。不论是中国的传统译论，还是引进的外国译论，也都要运用辩证法进行正确分析。除此之外，翻译的非语言方面还包括翻译意图，在这方面，帕斯捷尔纳克和莫罗佐夫翻译的《奥赛罗》的两个不同译本就很能说明问题。帕斯捷尔纳克的译本是供阅读和作为剧本使用的，它的对象是读者和观众，目的是使读者和观众产生一定的情感和美学感受；莫罗佐夫的译作则是供演员和导演使用的，其主要任务是将莎士比亚悲剧的思想内容最确切、最完整地传达给读者。不同的翻译意图形成了不同的译文，这样的事例并不鲜见。这也属于翻译的非语言方面。近几十年来，我国先后引进了泰特勒、奈达、费奥多罗夫、巴尔胡达罗夫、加切齐拉泽、纽马克、卡特福德、穆南等人的译论。关于翻译理论的定义，翻译理论界不同的人在不同的时期有不同的提法，其中具有代表性的有：

1953 年费奥多罗夫曾提出，翻译是用一种语言手段忠实全面地表达另一种语言手段表达的东西。

1954 年巴尔胡达罗夫提出，翻译是将一种语言的言语产物（话语）在保持内容，即意义不变的情况下改变为另一种语言的言语产物的过程。从巴尔胡达罗夫的这一定义中可以清楚地看到一门新兴的语言学科——话语语言学对翻译理论的影响。

对于他们的这些译论，也要一分为二、辩证地去看。一方面，外国的某些译论以其系统性与科学性令我国译界眼前一亮，开拓了我国翻译理论研究者的视野，也确有不少启迪与借鉴作用；另一方面，它们究竟对我国的汉外互译实践起到了多大的指导作用，却有待研究。正是在这样的背景下，费奥多罗夫于 1983 年也修改了他为翻译所下的定义，提出：翻译是将一种语言（原语）的言语产物用另一种语言（译语）予以再现。

基于西方各国语言、文化比较接近而总结出来的某些规律、规则、模式、系统，究竟在多大程度上符合我国的汉外互译实践呢，1988 年什维采尔在翻译的定义中增加了“文化”内容，他提出，翻译是单向的语际和文化交际过程。在此过程中，在对原话语进行有针对性（翻译）分析的基础上，创造另一种语言和文化介质中的次生话语以代替原话语。翻译的目的是传达原话语的交际效果，但因两种语言、两种文化、两种交际情景的不同，局部会有变化。谈到外国译论，有人乐于称道的是它们的“科学性”，说它们有着“坚实的学科基础”。言下之意是“中国的传统译论缺乏科学性”，全是些没有上升为理论的“经验之谈”，“登不得大雅之堂”，羞于同立于世界译论之林。殊不知，翻译的指导学科乃是哲学，要考察某种译论是否具有科学性，首先就得看它是否运用唯物辩证法的哲学观点来研究翻译，同时是否把对翻译问题的认识上升到哲学高度。

我们认为，首先应当把翻译的定义与对翻译质量的要求区别开来，这两者属于不同的范畴。“忠实”“全面”“等值”等是对翻译质量的要求，把它们纳入“翻译的定义”未必恰当。“我们的翻译哲学应是以辩证唯物主义与历史唯物主义为指针的认识与实践的哲学，是世界观与方法论相统一、唯物论与辩证论相统一、认识论与价值论相统一、决定论与选择论相统一的翻译哲学。”因为存在各式各样的翻译：有全译，有节译；有意译，有直译；有优质翻译，有劣质翻译等。初学翻译的人，其翻译质量未必都能“忠实”“全面”“等值”，但终归是翻译。其次，应当把“翻译的定义”与“翻译理论研究”的重点区别开来。说我国传统译论缺乏系统性尚可，因为至今的确难以找到几部囊括翻译中的所有问题、从各相关学科全面探讨翻译的系统著作；话语的翻译可以是翻译理论研究的重点，但翻译的对象并不仅限于话语。例如，双语词典词条中提供的是词、短语和例句，以及它们的译文，而不是、也不可能是话语和它的译文。但是说我国传统译论缺乏科学性，却绝不敢苟同，因为双语词典还可以称作翻译词典，而不是其他物体；研究专有名词的翻译问题，不一定都要通过话语；对音译和意译的选择也不一定都要通过话语来论证。因为，那些长期以来对汉外互译实践有着实际指导意义的传统译论，几乎都闪耀着唯物辩证法的哲学思想光辉，而这正是它们科学性的集中体现和经久不衰的魅力所在。总之，把翻译界定为话语的语际转换是片面的，把话语作为翻译理论研究的重点则是完全必要的。

三、翻译对翻译者的要求

翻译既要忠实又要通顺，绝非易事，译者不具备一定的业务素质，是很难胜任的。那么，翻译人员究竟应该具备哪些业务素质呢？

（一）译者要打下扎实的英语基础

一个译者翻译水平的高低，要取决于他对原作的阅读理解力。为了切实提高英语阅读理解力，必须抓好三个环节：一是要掌握足够的英语词汇，缺乏足够的词汇量是很难做好翻译工作的；二是要掌握系统的英语语法知识，确保理解在语法层面不出错误，或者少出错误；三是应该大量阅读英语原著，不断丰富自己的语言知识，提高自己的语言感悟力。

（二）译者要打下扎实的汉语基础

特别是要下功夫提高自己的汉语表达能力。一般说来，一个译者汉语水平的高低，是决定他译文质量的第二大要素。不过，翻译对汉语的要求不同于对英语的要求，后者重在阅读理解，前者重在写作表达。所以，凡是想在英译汉上有所作为的人，必须通过大量阅读汉语原著，通过经常性的汉语写作训练，学会熟练驾驭和自如运用汉语。译者的译语水平主要体现为表达原作的特定内容和特定形式时的灵活变通能力，避免译出生硬牵强的“英语式汉语”。

（三）译者要有广阔的知识面

翻译是传播文化知识的媒介，因而译者的知识结构应该是越丰富越好。译者要掌握一定的专门知识，如翻译科技著作的译者必须掌握相关的科技知识，翻译社科文章的译者必须懂得相关的社科知识，翻译文学作品的译者必须具有一定的文学素养。此外，译者还需要全面了解欧美各国的历史、地理、政治、经济、军事、外交、科学技术、风俗习惯、宗教信仰、民族心理、文化传统等方面的“百科知识”，要通晓译者自己国家的“百科知识”，这样才能在翻译中信手拈来，而不会张冠李戴。

（四）译者要掌握合理的翻译策略

一个翻译者可以不去过问翻译理论，但他绝不会没有自己的翻译策略。译者即使不去自觉地探讨翻译原理，其经历、学识、性格、审美观等也会在无形中帮他形成自己的翻译策略。对于初学者来说，应尽力避走偏激的道路，而应选择“适中”的翻译策略，通过不断的实践，熟练掌握翻译的规律、方法和技巧。

（五）译者要养成认真负责、谦虚谨慎的学风

翻译是一项非常复杂、非常仔细的工作，需要译者付出艰巨的劳动。凡是有志于翻译工作的人，必须对这项工作倾注极大的热情，甚至要有一种情有独钟的精神，养成呕心沥血、一丝不苟的作风，绝不允许有丝毫的懈怠和马虎。与此同时，还要虚心向翻译高手学习，吸取他们的经验和技巧，不断提高自己的翻译水平。

第四节　翻译的标准

一、翻译标准的科学认识

翻译标准是翻译理论的核心，它既是指导翻译活动的原则，又是衡量翻译成果的尺度。古今中外，不少名流大家对翻译标准提出了自己的真知灼见，对翻译标准下的定义十分丰富，对翻译标准的论述非常广泛。然而，能集百家之言，为翻译确立一个折中的标准，或者确立一个放之四海而皆准的标准，可以说尚未真

正建立。历史上有不少翻译名家提出的翻译标准在翻译史上产生过相当大的影响，但仍然不能一统天下，长盛不衰。随着历史的演变，社会的发展，尤其是不同文化交流的加深和共享，翻译的标准逐步成为一个动态的因子。一方面，这为翻译理论研究带来一定的困难，但另一方面，也带来了翻译理论研究的繁荣。

早在三国时期，支谦在翻译《法句经序》时就提出了翻译标准，“当令易晓，勿失厥义”，意即翻译出来的东西一定要让人容易懂，而不要失掉原文固有的意义。他说，诸佛典皆在天竺。天竺言语，与汉异音。云其书为天书，语为天语。名物不同，传实不易。唯昔兰调、安侯、世高、都尉、弗调，译胡为汉，审得其体，斯以难继。后之传者，虽不能密，犹尚贵其实，粗得大趣。始者，维祇难出自天竺，以黄武三年，来适武昌。仆从受此五百偈本，请其同道竺将炎为译。将炎虽善天竺语，未备晓汉。其所传言，或得胡语，或以义出音，近于质直。仆初嫌其词不雅。维千氏难曰：“佛言，依其义不用饰，取其法不以严。其传经者，当令易晓，勿失厥义，是则为善。”座中成曰：“老子称：‘美言不信，信言不美。’仲尼亦云：‘书不尽言，言不尽意。’明圣人意，深邃无极。今传胡义，实宜径达。”是以自偈受译人口，因循本旨，不加文饰。译所不解，则厥不传，故有脱失，多不出者。然此虽词朴而旨深，文约而义博。后来钱锺书先生做过考证，认为严复在翻译《天演论》时提出翻译之信、达、雅即由此而生。

汉唐时期，我国佛经翻译家鸠摩罗什和玄奘从大量的佛经翻译实践中积累了丰富的经验，提出了翻译标准，为后世的翻译标准研究提供了参考。鸠摩罗什处在当时的骈体文发展时期，要求文章讲究对仗，因此译文亦遵守此规则，十分讲究。他提出“依实出华”，什么样的种子开什么样的花。可以说鸠摩罗什首开意译之先河，强调翻译佛经时可根据具体情况有增有损。这和另一位佛经翻译家安世高提倡的直译形成对比。例如，有一句话安世高直译为“天见人，人见天”，鸠摩罗什的弟子就认为译文实在不美，应意译为“人天交接，两得相见”。玄奘则吸收直译意译之所长，在佛经翻译中将二者很好地结合起来，主张“既需求真，翠需喻俗”。也就是说，译文既要通俗易懂，人人明白，又要忠实于原文，万变不离其宗。玄奘在佛经翻译中运用直译意译手法可以说是炉火纯青，其译文流畅明白，鲜有晦涩而生误之词句，为佛经的传诵做出了卓越贡献。

新学时期，我国第一位用西洋语法研究中国古汉语语法的人名叫马建忠。此人撰写了我国第一部文言语法书《马氏文通》。他曾上书光绪，奏请建立翻译书院。其在奏章《拟设翻译书院议》中提出“善译”的翻译标准，基本意思有三层：第一，译文要适如其所译而止；第二，无毫发出入于其间；第三，使阅者所得之益与原文无异。也就是说，翻译时不能够随意发挥，译文一定要忠实于原文，尤其是要保持原文的思想和风格，以及体现的价值。

新文化运动的先驱鲁迅先生，极力主张采用直译的方法，提出“宁信而不顺”的原则，认为翻译必须兼顾两面，一要通俗易懂，二要保存原作的风格。

文学巨匠茅盾对翻译标准也有精彩的论述：与其失其神韵而保持形貌，不如保持其神韵而失其形貌。而与鲁迅同时代的著名作家和翻译家林语堂先生也提出，翻译应遵循“忠实的标准、美的标准”。

综观各家各派对翻译的标准，还是主要集中在直译和意译上。可以认为，标准的实质不仅要求译者忠实原文，而且要求译文符合通俗易懂的规范，只不过是因人而异，因事而异，各有侧重罢了。傅雷在谈及文学翻译时也认为，文学翻译的标准应当和艺术品的要求一致，不求形似，而求神似。他说：“愚对译事看法实甚简单：重神似不重形似；译文必须为纯粹之中文，既无生硬拗口之病，又须能朗朗上口，求音节和谐。”而钱锺书先生干脆用一个“化”字为文学翻译确立了一个翻译标准的境界：“把作品从一国文字转变成另一国文字，既能不因语文习惯的差异而露出生硬牵强的痕迹，又能完全保存原有的风味，那就算得入于‘化境’。”他强调译文应与原文一样，既传递原文思想，保留其风格，又出神入化，不见雕琢，自然隽永。关于在翻译时如何做，傅雷先生又说：“我们在翻译的时候，通常是胆子太小，迁就原文字面、原文句法的时候太多。”他主张“要精读熟读原文，把原文的意义、神韵全部抓住了，才能放大胆子。”举个例子：《傲慢与偏见》第四章里先是提到伊丽莎白对彬格莱家姐妹没多大好感，但接下去话锋一转：“They were in fact very fine ladies；not deficient in good humour when they were pleased, nor in the power of being agreeable when they chose it，but proud and conceited.”这段话如果直译，可以译作：“事实上，她们都是非常好的小姐；在她们高兴的时候，不是不会谈笑风生；在她们愿意的时候，也不是不会待人和颜悦色；不过她们傲慢自大。”

《傲慢与偏见》的译者王科一先生的译文是：“事实上，她们都是些非常好的小姐；她们并不是不会谈笑风生，问题是要碰到她们高兴的时候；她们也不是不会待人和颜悦色，问题在于她们是否乐意这样做；可惜的是，她们一味骄傲自大。”王先生的翻译遵循的就是傅雷先生的原则。从这个例子，我们可以理解“神”和“化”的含义。

翻译终归是不同文字的转换，正如古希腊哲学家赫拉克利特所说：“人不能两次踏入同一条河流。”对于两种文字及其文化的理解和掌握，亦不可能用等号连接起来。即使是同一文化背景下的人，对于语言文化的接收和理解也存在差异。所以，近年来，有人提出翻译的“最佳近似度”标准，认为翻译的目标是达到最佳近似度。人们曾在一个课题中探究过产生语言差异的根本原因，以及语言学习之所以有规律可循的核心原因，提出了“语言意识趋近”的观点：一方面，语言意识趋近，不等于语言意识同化，从认知角度理解，它体现出一种积极性，从终极目的上看，它解释了在语言活动中人们的完美追求；另一方面，外来意识的东西是可以通过一定的手段接收和处理的。及至翻译，解释了在原作和译作之间出现的差异，使翻译的可接受程度有合情合理的理论支撑。

翻译的标准虽然因人而异，始终处于动态的发展，但是，语言核心的共同性使翻译必定有一定的规律可循，翻译的标准会有相对的普遍性和稳定性。历史上，不少翻译家为翻译所确立的标准在一定时期、一定阶段或一定的历史背景下产生了广泛的影响，并为我国翻译事业的发展和繁荣做出了贡献。

二、严复的“信、达、雅”及其评判

严复的翻译及其翻译标准，对中国的翻译产生了深远的影响，在中国翻译史上具有里程碑的意义。

严复（1854—1921），初名传初，易名宗光，字又陵，后又更名复，字几道，晚号愈壁老人，福建侯官（今福州）人，是近代著名的启蒙思想家，是我国近代第一个系统介绍西方学术名著的翻译家。他出生于中医世家，十几岁时入福州船政学堂学习，接触西文和科学，开阔了视野和胸怀。23岁被派往英国留学，不仅博学数理化科学知识，且对西方的政治体制十分感兴趣，对西学有很深的了解和研究。1879年学成归国，被聘为船政学堂教员，时年仅26岁。其后被李鸿章调至天津，担任北洋水师学堂总教习。当时，严复无论在西学还是中学方面都具有极高的造诣，堪称一流。然而，由于所受的教育，他始终想通过走科举的道路来施展自己的才能。在1885—1893年8年间，严复参加了四次乡试均未中第。连续的失败使他看到科举制度的腐败，同时也深感走科举之路是行不通了。于是，便专心于时务，积极宣传西学。

1895年，甲午战争中国战败，对严复刺激很大，使他下定决心致力于翻译，以开启民智。他在北京开办“俄文馆”，参与创办“通艺学堂”，为维新运动培养人才。

1896年，严复所译赫胥黎的《天演论》（*Evolution and Ethics*）正式出版，轰动一时，在当时的学术界、思想界产生极大的反响。书中宣扬的“物竞天择，适者生存”的思想，成为中国进步知识分子与封建顽固派斗争的思想武器。同时，使中国知识界在思想认识和意识形态上获得了一次极大的新的飞跃。吴汝纶、康有为，包括鲁迅等名人对《天演论》给予了很高的评价。鲁迅说他自己是“一有空闲，就照例地吃侉饼、花生米、辣椒，看《天演论》”，从中接受进化论的思想。在其后的十几年间，严复的翻译事业达到了顶峰，先后翻译出版了一系列的学术名著，诸如斯宾塞的《群学肆言》、亚当·斯密的《原富》、甄克思的《社会通诠》、约翰·穆勒的《穆勒名学》《群己权界论》、耶方斯的《名学浅说》和孟德斯鸠的《法意》等，产生了极大的影响。严复的这些学术名著不仅在当时的学术界、思想界为人们带来一股清新的打开西方社会大门的微风，开阔了人们的视野，散播了西学和西方社会的思想，同时，他的译作文笔优美，遣词古雅，还被人们视为翻译之典范，奉为译作经典来传诵。从严复所译学术名著，不难看出严复的爱国之心和强国之理想。甲午战争的失败让严复看到偌大一个中国的软弱，从心底想激发国人自强不息和争胜的思想。尤其是早年在英国看到西方工业之强盛，更激发了他传播西学、启迪民众之心。严复一生翻译学术著作 170 多万字，写有按语 17 万字，其中流露出“与天争胜”“自强保种”“人定胜天”的思想，可以说已成为国人自强不息的启蒙思想。严复晚年思想保守，“五四”时期又极力反对白话文运动，于 1921 年 10 月 27 日卒于福州。

严复在《天演论 • 译例言》中说：“译事三难：信、达、雅。求其信，已大难矣。顾信矣，不达，虽译，犹不译也，则达尚焉……译文取明深义，故词句之间，时有所颠倒附益，不斤斤于字比句次，而意义则不倍本文。假令仿此（西文句法）为译，则恐必不可通，而删削取径，又恐意义有漏。此在译者将全文神理融会于心，则下笔抒词，自善互备。至原文词理本深，难于共喻，则当前后引衬，以显其意。凡此经营，皆以为达，为达即所以为信也。易曰：‘修辞立诚。’子曰：‘辞达而已。’又曰：‘言之无文，行之不远。’三者乃文章正轨，亦即为译事楷模。故信，达而外，求其尔雅……”严复“信、达、雅”的翻译标准的提出，可以肯定地说，来自严复对翻译实践经验的总结和提炼。《英汉大词典》的编撰者陆谷孙说过，如果一个人没有百万字的翻译实践就免谈翻译理论。作为一流的学者，严复不仅是一位翻译家，也是一位翻译理论家。其“信、达、雅”从作品的思想、语言和风格方面，准确地为翻译确立了实践的标准。这一标准的确立，为后来的翻译理论研究和翻译实践产生了巨大影响，备受推崇，至今仍然指导着我国的翻译实践。严复认为，翻译之境界在于“信、达、雅”的统一。“信”，即忠实于原著；“达”，就是译文通顺畅达，这两者为翻译的基本要求。除此之外，译文尚需追求“雅”。关于“雅”的解释，严复引用《论语》的“言之无文，行之不远”来表达，当指文采。严复不少译著采用意译，过于追求“古雅”，致使不少后来人因“雅”而对严复的“信、达、雅”产生歧义。就连鲁迅先生也说，严复的译文“桐城气息十足，连字的平仄也都留心，摇头晃脑地读起来，真是音调铿锵，使人不自觉其头晕”。

其实，严复在“译事三难”中引用《易经》的“修辞立诚”、《论语》中的“辞达而已”和“言之无文，行之不远”，说明此三者乃“文章正轨”“译事楷模”，缺一不可。著名学者黄源深教授曾应邀到西南科技大学外国语学院讲学，对于译者有没有自己的风格，他的回答是肯定的。作为一流的学者和翻译家，严复的译著不可能不留下自己的鲜明风格。一方面，他从小饱读四书五经，身体里流淌着中华民族五千年灿烂文化的血液；另一方面，他在英国钻研西学，受工业文明的影响，心中涌动着西方文明的思潮。他的翻译，既要传播学术思想启蒙国人，又必然带有他学者的风范和那个时代文化的烙印。他的译文古雅雕琢，文言文味十足，显示出其充分的古文功底。

试看《天演论》开篇这段文字的翻译：

> 赫胥黎独处一室之中，在英伦之南，背山而面野。槛外诸境，历历如在几下。乃悬想二千年前，当罗马大将恺彻未到时，此间有何景物。计惟有天造草昧，人功未施，其借征人境者，不过几处荒坟，散见坡陀起伏间。而灌木丛林，蒙茸山麓，未经删治如今者，则无疑也。怒生之草，交加之藤，势如争长相雄，各据一杯壤土，夏与畏日争，冬与严霜争，四时之内，飘风怒吹，或西发西洋，或东起北海，旁午交扇，无时而息。上有鸟兽之践啄，下有蚁蝝之啮伤，憔悴孤虚，旋生旋灭，菀枯顷刻，莫可究详。是离离者亦各尽天能，以自存种族而已。数亩之内，战事炽然，强者后亡，弱者先绝，年年岁岁，偏有留遗，未知始自何年，更不知止于何代。苟人事不施于其间，则莽莽榛榛，长此互相吞并，混逐蔓延而已，而诘之者谁耶！

就翻译标准而论，严复的翻译标准可以说达到了一个无人能及的境地。无论是对“信、达、雅”推崇备至的人，还是其反对者，“信、达、雅”产生的影响都是极其深远的。18 世纪英国著名翻译家泰特勒提出的翻译三原则和严复的翻译标准如出一辙：①译文应完全复写出原文的思想；②译文的格调应与原文的性质相同；③译文应与原文同样畅达。

林语堂在《论翻译》中有这样一段话："翻译的标准问题大概包括三个方面。我们可依三方面的次序讨论它。第一是忠实标准，第二是通顺标准，第三是美的标准。这翻译的三重标准，与严氏的'译事三难'大体上是正相比符的。"郭沫若在《谈文学翻译工作》中也说："严复对翻译工作有很多贡献，他曾经主张翻译要具备信、达、雅三个条件。我认为他这种主张是很重要的，也是很完备的。"周煦良先生在《翻译三论》中指出："'信、达、雅'标准的好处在于它既不空洞，又不重叠，就像多、快、好、省一样，去一不可，添一不可，然而在指导实践、检查实践成果上却是雅的文体来翻译，他还能翻译成什么样？何况当时在语言的价值观上主张用白话的人和不主张用白话的人都认为：语言分为雅文（文言文）和俗语（白话文）两种，雅文是真正的文学语言，是可以登大雅之堂的'美文'，俗语则是写给普通老百姓看的。"学术界普遍有"雅俗"之分。胡适在《五十年来中国之文学》中说："严复用古文译书，正如前清官僚戴着红顶子演说，很能抬高译书的身价，故能使当时的古文大家认为'镘镘与晚周诸子相上下'。"我们只要用发展的眼光来看待"信、达、雅"，就依然可以感受到严复对翻译的指导意义。

对"信、达、雅"的推崇，并非阳春白雪，曲高和寡。彭卓吾在《翻译理论与实践》一书中谈道："'信、达、雅'的精华就在于这三个词用词精当，选词准确，简洁明了，言简意赅，具有准确性、鲜明性和生动性；精华之处还在于这三个词主次得当，请看，在这三者之中，信最重要，它是基础，所以放在第一位，其次是达，再其次是雅，主次分明，轻重有序。"他把信、达、雅的实质描绘得非常准确。

一百多年来，严复的"信、达、雅"翻译标准在中国翻译实践和理论建设上产生了重大影响，不少人因此投石问路，在此基础上建树颇丰，为中国翻译事业的发展奠定了坚实的基础。

三、翻译标准的概括

翻译理论研究的一个焦点问题就是要寻求一个最佳的翻译标准，作为翻译实践的指针。在中国翻译史上，关于标准的讨论和争论从未停止过，为什么会这样呢？一方面，翻译是一种语言活动，是用一种语言传递另一种语言的思想活动，既然是活动，就一定要有规则，有规则，就必然有好坏、层次之分；另一方面，语言是思想的载体，思想的丰富性和差异性又带来语言的复杂性，使语言的表达风格各异，自然难以有统一的标准。但是，事实上，在翻译实践中人们又确实遵循一定的语言游戏规则来实现不同语言之间文化信息的传递，这种规则就是一种标准，它为人们处理翻译过程中出现的各种问题提供了可依靠的法则。

翻译标准是一个复杂的体系，不能简单地用几个词语来高度概括，它不仅涉及原作所产生的时代背景、社会习俗、宗教等因素，涉及原作者的文化修养、性格、写作特点、风格、人品：同时，还与译者的文化背景、价值取向、语言能力等密切相关。不仅如此，在翻译过程中还有许多难以意料的影响因素，还要受到时间的检验。对于翻译，不一定非要寻求一个标准，而可以遵循一些原则，或曰规律；不一定非要强调对译品认识的统一性，而可以更加放眼于译品的可接受性，或曰合理性。正如有人撰文指出，既然有一个标准，那么就一定有最好的标准（最高标准）和一般的标准（最低标准），那么介于最好和一般之间的又是什么标准呢？如果最好的标准用100%来衡量，一般标准用60%来衡量，那是不是就有70%的标准，或80%的标准，或90%的标准，甚至91%、92%的标准？其实，人们之所以要努力寻找一个标准，其原因还在于单向性或定向性的思维方法。人们习惯于形式逻辑推理，习惯于认为一件事物不是甲就是乙，习惯于任何问题答案只有一个。对“天下一致而百虑，同归而殊途”的古训，往往只做片面的理解，只看重“一致”“同归”，对“百虑”“殊途”则斥为异端。例如，在比较分析东西方文化差异时人们常常习惯以这样的对应来比较：静止与运动、和平与斗争、平均与非平均、直觉思维与逻辑思维、模糊与精确、整体与个体、性善与性恶、人治与法治等。这种高度概括的比较方法，一方面确实是比较研究的依赖基础，但另一方面往往又无法认识到个体的独特性和差异性。正如在价值观方面，东方人并不一定都是群体取向，西方人也未必都以个人为中心。所以说，以定向性的思维为出发点来寻找标准是我国难以寻找到一条绝对实用的标准的原因。

毫无疑问，翻译不会有绝对实用的标准。那么，有没有一般的标准呢？教育部批准实施的《高等学校英语专业英语教学大纲》对四级的翻译要求是：能独立完成课程中的各种翻译练习，要求译文忠实于原文，表达流畅。对八级的翻译要求是：能运用翻译的理论和技巧，将英美报刊上的文章以及文学原著译成汉语，或将我国报刊、杂志上的文章和一般文学作品译成英语，速度为每小时 250~300 个英文单词。译文要求忠实原意，语言流畅。能担任一般外事活动的口译。

可以肯定地说，“忠实”“流畅”是检验英语专业学生翻译能力的一个标准。这个标准要求学生的译品既要较好地传递出原著的思想内容，又要用符合汉语语言规范的句法译得通顺。一直以来，翻译界都将“忠实”“流畅”作为翻译的基本准则或基本要求。过去，不少人有“忠实”“通顺”的提法。在忠实和通顺之外，还要做到译文的语体与原作一致，即体现出原作的风格来。

翻译家杨绛先生依照难度、甜度的说法创造了“翻译度”。翻译度大而有信则达，亦不失为人们依照的一条准则。《名利场》中有这样一个句子，说一个死者是：“Who is a good Christian，a good parent，child，wife or husband.”

翻译家杨绛先生将一个“good”译得绚丽多彩：“……虔诚的教徒，慈爱的父母，孝顺的女儿，贤良的妻子，尽职的丈夫。”

当然，这个“度”是多是少，是过还是不及，可以用“化”来衡量。同样是这段话，荣如德先生在其新译（书名改译为《花花世界》）里，是这样翻译的：“死者果真是个虔诚的基督徒，一位好父亲、好母亲、好女儿、好妻子或好丈夫。”

荣先生的译文平实无华，也是把握了一个“度”。

根据著者对翻译的探索和实践，对翻译的一般标准有如下认识：所谓翻译标准，就是在通过一定的语言活动传递不同文化信息的过程中需要遵循的规则。这些规则使人们能够追求并努力保持译品和原著在内容、形式和风格上的完美趋近。

当然，翻译标准也非这段文字就能评判的。实践是检验真理的唯一标准。翻译标准不单存在于翻译家、翻译理论家、评论家手中，更存在于广大读者心中。翻译作品，只有经得起时间的检验，才能够成为上乘的佳品，才能够成为文化传播和交流中的经典而永不衰朽。

第五节 大学英语翻译教学存在的问题及解决方案

一、大学英语翻译教学存在的问题

（一）大学英语翻译教学地位薄弱

我国大学英语翻译教学在整个大学英语教学中处于弱势地位，许多学生从未系统地学习翻译理论和技巧方面的知识，其后果是翻译实践中问题频出，也造成了很多语言障碍。从指导思想上说，大学英语教学大纲更为注重对学生阅读能力的培养，而对学生翻译能力的培养并没有足够的重视，翻译的地位被忽视，处于一种令人尴尬的境地。从课程设置上说，翻译教学在整个英语教学中并不是主体，而只是一种补充。教育部制定的《大学英语课程教学要求》规定基础阶段四个学期的英语课均为必修课。而像英语写作、翻译理论与实践、英语口译等课程均为选修课，安排在四个学期的基础英语课程后开设。尽管如此，由于许多高校的硬件及软件设施不完善，在基础阶段后，很难开出面向所有学生的能够提高学生应用能力的选修课。即便开设选修课，也只是起点缀门面的作用。一些学校的语言多媒体设施很陈旧，无法满足正常的语言教学需要。除此以外，一些学校近年来不断扩大招生规模，使师资力量的短缺问题更加突出。非英语专业的教学大多是大班教学，有的一个班近两百人，这样的课堂怎能进行语言教学？

（二）对翻译和翻译教学的错误认识

一直以来，人们对翻译存在着认识误区。一个是包括一些教师和学生在内的不少人认为，只要掌握必要的词汇和一定的听说读写技能，翻译就是自然而然的一种技能。在这种错误认识的引导下，教师很容易忽视翻译教学的重要性，认为没有必要专门开设翻译课程；同时学生也不重视翻译的学习。另一个认识误区则是，部分教师混淆了“翻译教学”和“教学翻译”的概念。按照目前普遍接受的观点，翻译教学是翻译理论、技巧、能力的教授和培养；而教学翻译则是外语教学的实施手段之一，是为了掌握某一语言知识的操练方式。不少大学英语教师有意或者无意地用“教学翻译”替换“翻译教学”的概念，认为翻译教学只不过是语言练习的手段之一，是可有可无的，没有必要进行系统全面的翻译教学，从而使得大学英语翻译教学处在边缘化的位置。

（三）大学英语翻译教学的课程设置与课时比例不合理

当前大学英语作为高等学校的公共必修课，经过多次教学改革，听力、口语、精读、泛读等课型已得到了相应的重视，在课堂教学/课时中已经占有了一定比例。然而，作为语言学习“听说读写译”等技能中的翻译却未得到相应的重视，许多学校仅把大学英语翻译作为一门公共选修课开设，学时比例很少；不少学校连选修课都没有开设；大多数学校只是把大学英语翻译教学穿插在大学英语其他课程中，仅仅作为语言操练的一种手段。课程设置和课时比例的不合理导致了教师和学生对大学英语翻译教学的冷淡和忽视，反过来这又影响了大学英语翻译教学的质量，阻碍了大学英语翻译教学的发展。

（四）教学观念保守，教学模式滞后

目前，很多大学英语教师的教学观念保守，教学模式滞后。很多教师在大学英语翻译的课堂教学中主要以教师为中心。常见的做法是，教师给学生布置翻译练习，然后批改作业，指出其中存在的问题和错误，提供参考译文。在教学过程中完全脱离真正的交际语境，所使用的翻译练习材料也很陈旧，使翻译教学完全成为教师一学生的单向式知识传播而非技能训练。学生知道自己翻译得不好，也知道标准答案，可是下次遇到类似的情况还是不会翻译，不能举一反三。在大学英语翻译教学过程中，有相当一部分教师教学观念保守。这些教师认为，翻译主要应借助英语词典，因此要求学生在课堂上每人手里准备一本词典，在做翻译练习时可随时查阅词典。但是，随着互联网的发展以及科技的进步，学生完全可以借助互联网和计算机辅助翻译工具，词典早已不再是学生进行翻译的唯一工具了。

在现代化的日常办公环境中，人们更加依赖互联网和计算机辅助翻译工具进行翻译工作。然而，目前还有很多教师在翻译教学中不提倡学生使用这些现代化的翻译工具，甚至反对学生使用它们，更不会向学生讲解如何使用了。

(五) 学生学习态度和方法方面的问题

在大学英语教学中，翻译在五大基本技能方面仍是“被动学习”的模式，学生对翻译的态度漫不经心，认为作用不大，在平时的课程学习中，学生将大量的精力和时间放在了听说及读写上。而对翻译的重视程度远远不够，大多数学生通过语言学习文化的意识较为淡薄，母语表达能力不强，翻译水平及综合应用能力低下，很多学生的英语学习仍停留在应试状态，而在平时的练习当中仅将翻译作为巩固所学语言知识的手段，忽略了语言背后的文化背景，不能真正理解语言所要传递的含义。绝大部分学生大学两年的英语学习中对诸如词类转换、分句翻译、增词法、省略法等常识性翻译理论知识知之甚少，有的学生甚至连直译和意译的概念都不清楚，翻译出来的文字经常文理不通、词不达意。此外，学生在英语学习中依赖性太强，缺乏自主学习创新的精神，对于老师布置的句子和段落翻译练习，要么生拼硬凑、死译、直译，要么在教辅书上草草核对一下答案就结束，不进行仔细的推敲和揣摩。

(六) 翻译的理论知识传授得不够

理论是实践的指导者，翻译需要良好的翻译理论作为基础保障，也只有具备较深的翻译理论基础，翻译才可能会有声有色，但是学校却忽略了对学生传授翻译的理论知识，进而导致教师很少给学生讲授翻译理论和翻译技巧，只是教学生“直译法”，所以就算学生拥有较大的词汇量和大量的语法知识，翻译出来的结果仍然非常生硬，没有情感。目前。很多人都把外文翻译作为一种社会现象，认为翻译是一种跨文化的活动，也是国际之间的一种交际手段，这拓宽了翻译的边界，无形之中增加了翻译的对象。有学者指出，翻译理论与实践的脱节是当前翻译存在的严重问题，而对于正在求知的大学生来说这一问题尤为突出，他们常常把翻译理论和实践混为一谈，不能分清两者之间的关系，或者不能找到翻译理论和实践的切合点，所以在需要进行翻译时，他们显得手足无措。

（七）实践活动不足及考试方式不科学

只有课堂上的理论教学是远远不能达到教学要求的，英语教学作为语言的教学，相应的考试及实践活动对英语翻译教学来说意义重大。但目前，大部分高校学生的英语学习仍停留在应试状态，主要表现为一味追求成绩，忽视对实际能力的考察，而且目前普遍运用于各个高校的测试手段较为陈旧单一，缺乏对翻译教育特殊情况的针对性。另外，相关实践活动开展得太少，学生基本上只处于理论性的纸上谈兵阶段，在课堂上也只能进行少量有限的实践，而没有机会进行更多实际的交流活动，很难学以致用、实践并提高自己的英语翻译能力。

此外，各级各类考试翻译测试所占比重不大，测试目的不明确，缺乏针对性。近年来，无论大学英语四级、六级考试，英语专业四级、八级考试，还是全国硕士、博士研究生入学考试，各级各类英语考试中主观题的比重均有所增加。尽管翻译试题在主观题中占了一定的比重，但从整体来看，所占比重并不大，而且试题题型缺乏变化，试题测试点主要还是局限于某些词汇、短语、句型的运用，起不到考查学生翻译能力的作用，难以有效地与相应的教学接轨；同时，也在某种程度上助长了应试教育的风气，使一些学校的教师把重点放在追求通过率和应对考试上，客观上降低了对学生实用英语能力的要求，其结果就像有的学生所说，学了那么多单词和语法，但是不会用、听不懂、说不出。

（八）大学英语翻译教学的师资力量薄弱

近年来，高校翻译教学师资队伍壮大了不少，水平也有明显的提高。然而，虽然目前翻译教师的年龄和职称结构较之十年前以及大学英语教师总体来说已经逐渐趋于合理，但是多数翻译教师还是缺乏严格的职业训练和学术训练。不少大学英语教师的教学所长以及研究方向都跟翻译无甚关联，缺乏相关的翻译理论知识和翻译实践经验，较之专业的翻译教师，大学英语教师无法深入、系统地介绍和讲解相关的翻译理论知识，包括译史、译论、翻译技巧等方面知识的阐释，不能正确有效地引导与培养学生的英语翻译能力。不过，这并不排除一些客观因素的影响，如今大学英语面临课时逐渐递减的局面，这一现状挑战着大学英语的教学方法与教学目标，学校过分注重学生的阅读与视听说能力，而忽视了对其翻译能力的培养，因此大学英语教师对于改变翻译教学现状心有余而力不足。

二、英语翻译教学问题的解决方案

我国当前大学英语翻译教学中暴露出来的种种问题，值得我们每位英语教师深思，因为翻译教育的失误导致学生翻译能力的缺失，解决这个问题已经刻不容缓。以下就从学校和教师两个层面提出几点应对策略。

（一）学校层面的举措

1．改革现有的大学英语课程设置，重视翻译教学

一方面，大学英语教学历经数次改革，改革效果显著；另一方面，现今的大学生经过初高中阶段的英语强化训练水平也不断提高。如果大学英语教学一味地继承以往填鸭式的词汇、语法层面的教学，学生会丧失学习英语的兴趣。戴炜栋曾分析说："这种'内容重复引起的学习自满'、懈怠和学习兴趣的下降，动力不足在大学里相当普遍。"所以，有学者多次呼吁改革现有的课程设置。改革目前的大学英语课程设置是真正落实重视翻译教学的重要一步。他如果能够压缩大学英语基础课程，把 4 个学期的大学英语基础必修课程压缩到 3 个或更少一些，那就使得翻译这些应用型课程得到了落实，无论是师资、课时，还是学生手中的学分都得到保证。国内现在有不少重点大学已经开始了这方面的改革探索。例如罗立胜介绍清华大学把单一模式改为三种模式。25%最好的学生实行 1+3 模式（一个学期的基础英语课程加三个学期的英语选修课程），50%的学生采取 2+2 模式（两个学期的基础英语课程加两个学期的英语选修课程），剩下 25%的学生仍然实行目前的 1—4 级单一基础英语教学模式。

2．根据学校类型和特色，充分利用现有资源建立不同翻译教学模式

每所高校都有其历史和传统，这决定着它们的办学特色和方向，如理工利一高校除了大学英语教学外，一般都还有利一技英语、专门用途英语教学，财经类高校则相应地开设经贸英语等课程。实践证明，哪个学校所开设英语课程和所办专业结合越紧密，其毕业生就越受到市场欢迎，尽管现在的高校都朝着综合性方向发展，其依然保存着传统的办学精髓。我们可以充分利用现有的资源，根据学校和学生的发展需要，建立其不同翻译教学模式。过去的翻译教学模式，即“翻译教学的目的=英语水平+翻译技巧”也要进一步更新和完善。

另外，学校层面需要做的事情很多，如加强大学英语翻译教学师资队伍培训力度，选派教师到兄弟院校访问学习等。

（二）教师层面的举措

教师是在大学英语翻译教学中起关键性的作用的要素。教师作用能否充分发挥，直接影响到翻译教学效果如何。针对以上谈到的当今大学英语翻译教学现状和存在的问题，教师应该着手于以下几个方面的工作。

1．加强翻译理论传授

这里所说的加强翻译理论传授并非指向学生讲授诸如后殖民论、女性主义等深奥的形而上的翻译理论，而是那些实用性的翻译理论，如功能目的论、文本类型理论等，并对其核心观点进行概括性的总结、点评，阐述其特色与不足，培养学生树立正确的翻译理论观。翻译理论的传授重在把握好度，够用即可。虽然大学英语（翻译）教学不要求掌握深奥的翻译理论，但是对翻译理论流派与特点稍微了解一点，能对翻译实践起到解释和预测性作用。要使学习者知其然又知其所以然，必须强化实务教学的理论指导作用，使翻译实务教学摆脱从经验到经验的错误路子。

2．加强翻译技巧的对比性传授

在翻译中，翻译技巧是从翻译实践中总结出来的具有普遍适应性的指导规则。

学生掌握一定的翻译技巧能大大提高翻译速度与质量。然而，现在的翻译技巧不仅多得令人眼花缭乱，而且有时还不一定能明辨异同。

有许多的翻译技巧是相对出现的，如直译与意译、归化与异化、神似与形似等。采取对比性传授，可以更形象也更容易地向学生阐述不同技巧或术语的异同，便于学生接受。比如在讲授直译与意译时，还可以联系到“死译”“胡译”或“乱译”，并列举一些经典译例进行赏析和点评。故而，应加强对翻译技巧的对比性传授。

3．加强对一些翻译现象的讲评

纵观中西翻译发展史，我们发现有很多值得玩味的翻译现象。如中国有严复翻译现象、林译现象，这些现象都是在特定的历史时期出现的。教师可以通过讲述这些知识时，串联一些翻译史知识，从而讲授得活灵活现，增强学生对学习翻译的兴趣。又如，现在许多翻译资料，尤其是应用文体的翻译，非常流行“变译”。“变译”是根据读者的特定需求而采取的一种特定的翻译方式，包括增、减、编、述、缩、并、改等变通手段。教师可以通过一些实例对学生讲解变译的原理、策略和具体方法。

4．适当增加翻译实践在翻译教学中的比重

由于翻译课时有限，要讲授的内容相对较多，留给学生课堂练习的实践极为有限。然而，由于翻译与实践紧密相连，本质上是实践性的，这种在岸上教授游泳的做法是不可取的。诚如叶子南先生所言，“翻译中并没有多少可以衣钵相传的锦囊妙计，需要的是译者本身对翻译这一跨语言活动的深刻领悟。翻译教学与其说应着重传授几套‘拳术’，不如说应该培养这种对中英语言文化异同的洞见与顿悟。”只有亲自进行一些翻译实践，才能对讲授的理论方法与技巧有所领悟，才会更好地吸收，达到举一反三的效果。

5．加大英汉两种语言对比内容的讲授

英语和汉语属于不同的语言文化系统，在思维方式、价值取向、审美情趣等

方面都有巨大差异，如我们提倡“天人合一，物我交融”，强调和谐、对称，推崇“心领神会”“求全、求满”，而西方崇尚“物我分离”“个人主义”，认为整体相对个体而存在。体现在语言上，就有了汉语的阴柔之美、意境之美，是一种“人化”的语言；而英语的逻辑性、理性和语法规则则凸现了阳刚之美和结构严谨、语言明快简洁的特点，是一种“法治”的语言。只有了解了语言之间的差异，才会领会到翻译过程中适当的调整处理的必要性，才能“让学生了解英汉两种语言的内在差异（而不仅仅是形式差异）以及产生这些差异的文化历史原因”，那么，在翻译实践中，“他们就会不但知其然，而且知其所以然，自觉地培养译语意识、遵循译语表达习惯、排除原语干扰，选用译语中最优化的表现方式，传递原语信文，提高译文质量”。实际上，在教学过程中，学生在口语、写作和翻译学习时，母语负迁移特征表现得极为明显，构成了其对英语学习的一道屏障。

第二章　英语翻译理论概述

学习翻译理论，不仅可以提高学生的理论素养，而且可以帮助学生认识翻译活动的基本规律，更快、更有效地提高翻译实践的能力，达到事半功倍的效果。学习和掌握一定的翻译理论知识是必要的，只有把翻译理论适当地应用到翻译教学中，才可以帮助教师认识翻译的本质和规律，从而有的放矢地开展翻译教学，切实提高翻译质量。如果翻译教学失去了理论的支持，就失去了开展翻译的基础，从而无法科学地培养学生的翻译技能，无法为学生提供更好的翻译策略的指导，更谈不上进一步发展学生的翻译意识了。这样的翻译教学只能是感性的经验上的行为，往往带有强烈的个人经验主义的片面性。因此在翻译教学中教授基本的翻译理论、揭示翻译学的规律至关重要。

第一节　关联翻译理论

关联理论是一个强有力的理论，它的使命虽然不是解释翻译，但却能有效地解释翻译这一“宇宙历史上最为复杂的现象”，它给翻译提供了一个统一的理论框架，奠定了翻译本体论和方法论的理论基础。在关联理论的框架内，翻译是一个对原语（语内或语际）进行阐释的明示一推理过程，译者要根据交际者的意图和受体的期待进行取舍，译文的质量取决于相关因素间的趋同度（convergence）。

一、关联翻译理论的观点

关联翻译理论认为，翻译过程是一个明示推理的交际过程。从原交际者的明示行为中通过推理找到最佳关联是译者力争达到的目标，也是翻译研究的原则标准。译文关联性的强弱取决于两大因素：处理努力（processing efforts）与语境效果（contextual effect）。译文读者需要的并不是最大关联性（maximal relevance，即以最小的处理努力获得最大的语境效果），而是最佳关联性（optimal relevance，即无须花费不必要的努力便可从中获得足够的语境效果）。译者根据最佳关联原则从潜在的认知语境（包括译者的百科知识、原文语言提供的逻辑信息和词汇信息、原文的文化背景信息等）中选择正确的语境假设，从源语文本的交际线索中揣摩出原文作者的交际意图，找出最佳关联，从而取得理解原文的语境效果。译者继而在对译入语文本读者的认知语境和阅读期待做出准确判断的基础之上，灵活运用各种翻译策略，力图使译入语文本在音、形、意上最大限度地向源语文本趋同的情况下，将原文作者的意图准确地传达给译文读者，满足译文读者的阅读期待，即无须花费不必要的处理努力即能获得理解原文的足够语境效果。

二、关联翻译理论对翻译理解阶段的指导

理解是整个翻译过程的第一阶段，非常重要。译文对原文的理解稍有差错，译文表达就不可能准确无误，甚至会差之毫厘、谬以千里。正确理解原文，不能流于肤浅，要深入透彻。根据关联翻译理论，译者要想使理解达到深入透彻，需要充分了解源语作者的认知语境，尽量扩大和源语作者认知语境的共享，然后根据最佳关联原则从潜在的认知语境中选择正确的语境假设，从源语文本提供交际线索的信息意图中通过推理探究出作者的交际意图，找出最佳关联，从而取得准确透彻地理解原文的语境效果。

（一）扩大和源语作者认知语境的共享

关联翻译理论的语境观强调语境具有选择性和渐变性。理解话语就是从认知语境中选择相关假设，以便付出一定的处理努力获得相应的语境效果，从而找到话语同语境假设之间的最佳关联。在话语的理解过程中，新信息被处理后就会成为旧信息，从而使认知环境不断扩大，为处理下一个新信息提供便利。译者和读者共享的认知语境对于成功地传递原文作者的意图提供了一定程度上

的保证。因此在翻译教学中，教师应当引导学生考查原文的历史背景并理解作者创作时的处境与心境，从而充分利用共享的认知语境，对全文进行全面、深入、准确的理解。

例如：On the junk，a man stands amidships beating a drum incessantly to guide their efforts，and they pull with all their strength like men possessed。bent double；and sometimes in the extremity of their travail they crawl on the ground，on all fours，like the beasts of the field.

例句中的 possessed 一词是指人“疯了的”“鬼迷心窍的”“像被鬼缠住了似的” 吗？beast 在文中是指“野兽”“动物”“畜生”吗？学生如果要准确地理解原文，就需要了解本文创作的背景信息，扩大和源语作者认知语境的共享，找到话语同语境假设的最佳关联。例句选自一篇写景抒情的散文，作者毛姆是英国当代著名小说家。他于 20 世纪 20 年代末曾来中国，并有机会沿长江溯流而上进入四川，例句后半部所写就是山城重庆的景象。毛姆把他在中国旅行的所见所闻所感写成了一本散文集，名为《在中国屏幕上》，本段即选自该书。毛姆在文中写了江上听到的三种劳动人民的歌声。文章情景交融，表达了对劳动人民的艰苦命运的深切同情，读起来亲切感人。只有了解了文章创作的背景信息，译者才能充分理解文本所体现的精神，理解文本作者的心理状态和思想意图，找到最佳关联。试问毛姆会认为这些劳动人民“像被鬼缠住了似的”并称他们为“畜生”吗？

比较下面两种译文。

译文 1：纤夫们发疯似的拼命拉拽着绳索，佝偻着腰，艰难至极时甚至会双手触地，匍匐徐行，如同田里的畜生。

译文 2：纤夫们像着了魔似的，腰弯成两折，有时力量用到极限就全身趴在地上匍匐前进，就像田里的牲口。

两段译文在理解原文和表达作者情感方面有所差别，译文 1 理解有误，而译文 2 则感人肺腑，作者对劳动人民的深切同情溢于言表。我们在课堂教学中应当引导学生超越语言层次，搜集作者及其作品的背景资料，充分利用共享的认知语境，以求深入透彻地理解原文。

(二) 区分信息意图和交际意图

根据关联翻译理论，意图分为信息意图和交际意图。信息意图是指提供交际线索的意图。交际意图是指语境暗含，它往往在信息意图明示的基础上经过推理而获得。当译者判断原文的信息意图与交际意图重合，即原文的字面意义正是作者本意，而且将原文传译出来后不会影响读者的理解，相反还可以扩大读者的认知语境时，可照译不误。例如：

咱们俩的事，一条绳上拴着俩蚂蚱——谁也跑不了!

We’re like two grasshoppers tied to one cord，neither can get away!

如果字面意思与作者的交际意图差之千里，那就只好舍弃字面意思而传递原文的交际意图了，否则会引起误解甚至闹出笑话。例如：

武行者心里要吃，哪里听他分说，一片声喝道：“放屁!放屁!”（施耐庵《水浒传》）

Now Wu the Priest wanted in his heart to eat and so how could he be willing to listen to this explanation？ He bellowed forth，“Pass your wind！ Pass your wind!”

该译文出自有“中国通”之称的美国作家赛珍珠（Pearl Buck）之手。“放屁”在此文中显然是诅咒用语，汉语意为“废话”，英语意为 nonsense。而译者却把它误解成了一道命令，误译为 pass your wind，闹出了强行要酒保放屁的大笑话。

(三) 充分运用推理技巧

通过推理正确理解源语作者的意图是翻译交际成功的前提。因此，在翻译教学中应当培养学生的推理能力，使这种能力在鉴别多义词、解歧、理顺逻辑、推导交际意图方面发挥重大的作用。

1. 确定原文词义

有时原文只有信息意图，其获取也不是唾手可得，需要付出努力进行推理。例如：“Though the rope may part and the great junk swing back，in the end the rapid will be passed：and at the close of the weary day there is the hearty meal.”

不少学生将 hearty 译为丰盛的晚餐、丰盛的美宴、美味佳肴等。如果译者脑中存在以下相关的词汇信息、逻辑信息和百科信息，并积极进行推理，就不会有所误译。文中 hearty 一词在英英字典中的释义为“（of meals）large；substantial”。该句上文描写的是纤夫奋力拉纤、跨越激流的悲壮场面。尽管绳索会断，船会后退，然而他们最终将涉过这大浪急流，疲惫的一天下来，他们好歹能吃上一顿饱饭。毛姆在文中着力表现的是对劳动人民悲壮命运的深切同情。如果这些生活在社会最底层的劳动人民天天都能“大快朵颐”，吃上“美味佳肴”，原文的悲壮色彩无疑要大打折扣了。

译文 1：尽管坎坷的途中帆船会因缆索的断裂而掉头迂回，但经过一天的疲惫倦怠之后，他们终会穿越洪湍，到达彼岸，去享受那丰盛的美宴。

译文 2：虽然绳子可能扯断，大船不进而退，但最终险滩必将通过。精疲力竭的一天之后，可以痛快地吃上一顿饱饭。

比较以上两种译文，译文 1 虽然语言流畅优美，但是推理有误，表述不当，从而造成理解偏差。因此在翻译过程中应当引导学生仔细观察原文，找到原文交际线索所提供的信息意图和认知语境问的最佳关联，以求准确的理解和表达。

2．消除文中歧义

推理可以起到解歧的作用，因为译者利用认知语境能使原文中歧义句的意义明确化，进而得出正确的信息意图，然后才能翻译。例如：“Writers can not bear the fact that poet John Keats died at 26，and only half playfully judge their own lives as failures when they pass that year．”在翻译此句时，有不少学生将 half 看成了谓语动词 judge 的主语，译成“半数的作家”。在翻译过程中译者脑中应该出现如下语境假设：第一，根据常识，全国有多少作家曾经如此说过无法进行精确统计；第二，根据词汇信息，half 如作主语不能单独使用，原文应为 half of them；第三，根据逻辑信息，原文有必要强调只有半数的作家对约翰 •济慈年仅 26 岁便与世长辞表示惋惜之情吗？因此，通过推理可以断定，文中的 half 不是名词，而是作为程度副词修饰 playfully，意为“不无”“不完全的”。例如：“She gave a sort of half smile．”（not quite a smile）她做了个似笑非笑的表情。

试译：作家们为诗人约翰 •济慈 26 岁就离开尘世而叹息不已。他们在过了这个年龄时，便不无戏谑地叹息自己的一生碌碌无为。

3．推导交际意图

译者根据原文提供的背景信息和词汇信息等交际线索，通过处理努力，可以推理出隐含在信息意图之下的交际意图。例如：I took her first to dinner.“Gee，that was a delish（=delicious）dinner，” she said as we left the restaurant. Then I took her to a movie.“Gee，that was a marvy（=marvelous）movie，” she said as we left the theater. And then I took her home.“Gee，I had a sensaysh（=sensational）time，” she said as she bade me good night.

本段作者是大学法律系的一名学生，他用一件貂皮大衣换到了室友皮蒂·伯齐头脑简单但是非常漂亮的女朋友。他想看看她的情商到底有多高，于是约她出来吃饭、看电影。这位漂亮女孩的用语却令人大跌眼镜。从原文的词汇信息，即感叹词 Gee 和三个形容词 delicious，marvy，sensaysh 的使用，结合原文的背景信息可以推断出作者的交际意图：通过女孩的用语告诉读者她虽然很漂亮，但是头脑简单，情商不高。我们比较一下以下两位学生的译文。

译文 1：我们先是共进晚餐，临走时，她说道：“哎呀!真好吃!”接着我们去看电影，散场时，她说道：“哎呀!真好看!”看完电影后我送她回家，道晚安时，她说道：“哎呀!今天玩得真高兴!”

译文 2：我先带她去吃晚饭。临走时，她冒出了一句：“哇，这顿饭贼好!”接着我们去看电影，散场时她又来了一句：“哇，这部电影真精彩!”完了我送她回家，临道晚安她又蹦出一句：“哇，今天玩得忒爽!”

相比较而言，学生译文 2 语言地道、流畅，生动、活泼，保留了原文的交际线索，同时成功地传递了原文的交际意图。

三、关联翻译理论对翻译表达阶段的指导

在全面、深入、细致地理解原文的前提下，表达对于一篇译文的质量好坏起

着关键的作用。译者在对译入语文本读者的认知语境和阅读期待做出准确判断的基础之上，灵活运用各种翻译策略，力图使译入语文本在音、形、意最大程度地向源语文本趋同的情况下，将原文作者的意图准确地传达给译文读者，满足译文读者的阅读期待，使译文和原文达到最佳关联。因此，要引导学生在表达上狠下功夫，这样才能全面提高翻译质量。

1．考虑译文读者的认知语境和阅读期待

在跨文化、跨语言的翻译交际中，译文读者对译文的理解受制于其所拥有的认知环境，有时，源语读者所拥有的文化图式、社会经验等在译语读者的认知环境中并不存在，因此语篇内的有关符号无法激活译文读者记忆中的相关图式，从而导致解读的失败。有时源语读者与译语读者所拥有的文化图式迥然不同，译文读者按照自己的认知习惯来解读，从而导致误读。因此，译者为了确保译文读者无须花费不必要的信息处理努力即可正确地理解译文，推断出源语作者意欲传达的信息意图和交际意图，就需要对译文读者的认知语境做出正确的估计和判断。这一点应该在翻译教学过程中对学生予以明确和强化，在处理富含文化信息的语篇时，引导他们学会通过译文内增词、译文外加注等策略解决译文读者因认知语境中文化图式缺省所引起的解读障碍。

2．兼顾源语作者的意图和译文读者的认知语境

最佳关联性是译者力争达到的目标，要想使译文获得最佳关联性，必须同时兼顾语境效果和处理努力两大因素。如果读者的认知语境中缺乏相关的信息，或者与源语作者的认知语境发生文化冲突，若一味传递原文的信息意图，那么，读者即使付出了多余的处理努力，也无法推断出原文的交际意图，得不到相应的语境效果，译文无法取得最佳关联。

这一点同样应该在翻译教学过程中对学生予以明示和强化，引导他们认识到翻译策略的选择取决于对源语意图的识别和对译文读者认知语境和阅读期待的估量，只有兼顾两者，译文才能实现翻译交际的目的和效果，才能达到最佳关联性。

第二节　翻译模因论

模因论是基于达尔文进化论的观点来解释文化进化规律的一种新的理论模式。它试图从历时与共时的视角对事物之间的普遍联系以及文化具有传承性这种本质特征进行诠释。翻译作为一种跨文化、跨语言的行为，在切斯特曼（Chesterman）看来是“模因在同一文化中通过模仿得以传递，同时也通过语言来传递。但某种模因要跨越到其他文化当中则需要借助翻译。因此在跨文化过程中翻译则成为‘模因的生存载体’”。翻译模因论的精髓在于它解释了翻译理论的发展规律并肯定了翻译理论对于翻译实践的指导意义。

一、翻译模因论概述

模因（meme）这一概念源于社会生物学，最早见于动物学家 Dawkins（1976）的畅销书《自私的基因》（*The Selfish Gene*）中。基因是传递生物信息的单位，生物体通过基因进行传播而得以生存。Dawkins 希望 meme 这个词类似于 gene，能描述文化现象的进化。他在该书的最后一章引入了与基因相对应的模因概念，并把模因定义为“文化传播的单位，或模仿的单位”。模因论（memetics）是研究模因的理论，最早把模因引入翻译理论研究的当属 Chesterman 和 Hans J. Vermeer（1997）。Chesterman 把有关翻译本身以及翻译理论的概念或观点统称为翻译模因（translation memes），如翻译的理论概念、规范、策略和价值观念等。他把翻译研究看作模因论的一个分支，试图用模因论来解释翻译提出的问题，并通过对翻译理论发展史的研究来探寻翻译理论的进化和形成规律。他详细讨论了翻译模因库中的五种超级模因（super-memes）——源语—目标语模因、对等模因、不可译模因、意译—直译模因、写作即翻译模因，发现在翻译理论的进化过程中，有些翻译模因由于不能被普遍接受而消亡；有些翻译模因曾流行一时而最终被取而代之；有些则具有很强的生命力，得以生存和发展。同时通过考察西方翻译理论的进化过程，他发现在某一特定的历史时期都有某一翻译模因处于主导支配地位，而其他翻译模因则处于被压制的地位，从而把西方翻译理论史划分为八个阶段：词语阶段、神谕阶段、修辞学阶段、逻各斯阶段、语言学阶段、交际阶段、目标语阶段和认知阶段。各种模因为了适应社会环境，在不同时期均以不同的面貌出现，不断进行复制和传播，以求生存和发展。

Chesterman 把波普尔（Popper）的科学哲学观引入自己的翻译模因论，认为翻译模因处于波普尔的第三世界中。波普尔把世界划分成三个世界：第一世界是客观物质世界；第二世界是个人思想、情感的主观心智世界；第三世界是指思想的客观内容，属客观知识世界，即关于思想、理论、论题等的知识，存在于公共领域，不是指存在于个人头脑中的观念（第二世界）。根据波普尔的理论，个人翻译技能的发展来自我们的错误，来自我们以前的翻译实践，来自对他人译作的研究，来自前人对翻译的思考，来自翻译理论和翻译历史的学习。我们通过批评对话和自我批评，从他人的反馈信息中发展自己。因此，根据波普尔的理论，翻译模因，即翻译理论或翻译观念，不可避免地影响译者的思维方式和翻译行为。这也是 Chesterman 对翻译理论与翻译实践之间关系的理解。波普尔接受了达尔文进化论的一个最具挑战的观点：个体发生（ontogenetic）平行于种系发生（phylo-genetic）。Chesterman 将这一观点应用到翻译能力的习得中。他认为，一个译者的个体发生过程应该遵循翻译理论的种系发生过程，也就是说，一个译者的观点、态度变化过程可能反射出整个翻译理论的发展，反之亦然。这一假设对翻译教学具有深刻的启示。也就是说，我们可以利用个体发生与种系发生的相似性来强化翻译过程教学。这也是为什么必须给学生讲授翻译理论发展史的原因，其目的是使有关翻译理论发展的知识最终成为学生的一种概念工具，并可为学生提供比照来观察自己的学习进程，培养学生的自我意识，使他们有一种亲身参与历史进程的体验。

二、翻译模因论对翻译教学的启示

1. 翻译史教学的必要性

翻译模因的进化发展是动态的，具有历史的敏锐性。翻译史教学可以使学生了解翻译模因进化的来龙去脉和历史渊源，懂得任何翻译模因的变化和发展都是受一定社会文化制约的。在一定历史时期，某一翻译模因处于支配地位时，这一模因就演化成了该时期的规范，而其他模因则处于被压制的弱势地位。遵循规范的翻译被视为正统，而违反这一规范的翻译则被视为错误，或根本就不被认为是“翻译”。因此，翻译模因是历史的产物。翻译史教学可以使学生对翻译模因进化的历史全程有整体认识，深谙模因之间的联系与变化，有利于学生对形形色色的翻译理论有深刻理解，而不只是掌握一些片面、零散的翻译概念，从而避免形成以点代面的错误观念。由于不同阶段的翻译思想都只是突出了翻译现象的某一具体侧面，如果学生对翻译史没有一个全方位的了解，就会像盲人摸象，大家摸到的都是大象的不同部位，但都认为自己摸到的就是大象的全部。因此，翻译史教学能帮助学生把不同的翻译思想整合起来，对翻译现象形成一个全面完整的认识。根据达尔文的观点，个体发生能反映种系发生的规律。那么，教师可以通过翻译史教学来强化学生的个体发生过程。学生可以利用种系发生过程来比照、观察自己的学习进程，使自己有一种亲身参与历史进程的体验，减少学习的盲目性。翻译理论史分为八个阶段，假如这一种系发生过程与译者的个体发生过程一致，那么其中每个阶段都代表着学生个体发展的必经阶段，因此，翻译教学就应该按照这一种系发生的过程规律实施。

“词汇”阶段是翻译学生的起始阶段。初学者自然会采用“词对词”的翻译方法，教师不能一味地抱怨学生过分注重词汇问题，停留于词汇层面，希望学生尽快进入下一个阶段。不要忘了，这是初学者必须经过的阶段，教师应该充分利用这一阶段的特征，做好教学工作。在这一阶段，教师应该围绕词汇进行翻译教学，培养学生的词汇翻译能力。教学内容可涉及词典等工具书的使用、词语的外延意义和内涵意义、词汇语言学、成分分析、词典学、专门词语的翻译等，还可以利用词汇教学展开对“可译性”问题的讨论。

第二阶段是“神谕”阶段。主要强调语法形式和直译。一般来说，大学生往往处于这一阶段。大学教师经常批评学生固守中学传统的翻译习惯，但这也是学生整个发展过程的必要一环。正当的方法是使学生认识到“直译”只是翻译的一种形式，教学内容可涉及Nida的最小转换（minimal transfer）、字面转换（literal transfer）和文学风格转换（literary transfer）；纽马克（Newmark）的语义翻译和交际翻译；翻译材料可以选用侧重原文形式的文本类型（哲学文本和法律文本等）和要求事实准确的科技翻译。

第三个阶段是“修辞学”阶段。在这一阶段，教学重点应放在学生译文文体自然、表达灵活上，可要求学生针对目标语进行写作训练。尤其是将母语译成外语时，更要强化对目标语驾驭能力的训练。休森和马丁（Hewson&Martin，1991）提出的变异翻译模式适合这一阶段的训练。他们认为翻译是建立在两个释义变体集合基础之上的：源语释义集合和目标语释义集合。译者首先生成某一原文的释义变体集合，然后给出其相应的目标语释义变体集合；比较分析两组释义变体集合之间的异同，最后根据目标情景制约因素和规范。从中选择一个最佳译文。这一方法可以训练学生两种语言的驾驭能力。在这一阶段，学生可以学习有关文体学、文本语言学、修辞学等理论概念，同时进行编辑、校读训练。

第四阶段是“逻各斯”阶段。这一阶段主要强调语言的创造力和文学翻译。“杂合翻译”是这一阶段的中心概念，要求学生认识到原文可映射到译文中，译文不可避免地带有外来色彩；学会区分语法次序与信息次序。在许多文本类型中，保留信息次序比保留语法次序更为重要；掌握主述谓结构、强调、有标记和无标记表达等；识别显性翻译与隐性翻译，源语文化浓厚的文本应采用显性翻译，而一般文本可以采用隐性翻译。因此，文本类型是制约译者决策的一个重要因素。使学生明白译者并不总是隐形于目标文本与目标读者之间，有时也现形、在场、显示身份，承担译者的责任；解构主义的翻译观也是这一阶段的重要教学内容之一。

“语言学”阶段主要强调语言学知识的重要性。教学内容应涉及符号学、语义学、语用学等，为学生评估、选择译文提供概念工具；在这一阶段还必须涉及对比语言学的内容，强调对两种语言系统（langue）的对比分析。为其译文形式（parole）的选择提供依据。

在“交际”阶段，学生必须认识到作为译者、专业交际者的社会形象和社会作用，考虑翻译任务的整体性质，重视翻译交际过程中各参与者的作用：谁需要翻译？谁付钱？谁出版？谁是读者，等等。交际阶段不再只关注文本本身，并且关注情景。教学内容可涉及交际理论，如格赖斯（Grice）的合作原则及其准则、一般语用学理论（礼貌原则、关联理论、顺应理论等），强调译文的可读性，还可以展开对“对等”观念的讨论，使学生认识到任何交际者都不可能对同一交际作出完全相同的解释。

“目标语”阶段侧重于目标语的文化层面。翻译文本总是嵌入目标文化之中。这一阶段学生可学习多元系统论，练习翻译一些文化负载重的词语、典故等，掌握其处理策略；提高学生对文本操纵的意识，使他们认识到文本操纵是不可避免的，是意识形态作用的结果。因此，译者必须负起责任；学生还必须明白处于支配地位的文本与处于边缘地位的文本之间的翻译是不同的；翻译规范因不同时期、不同文化而发生变化。

“认知”阶段主要关注译者大脑这一“黑匣子”，探索译者的决策过程。从个体发生的角度来看，这是译者能力发展的成熟阶段，即自我意识阶段。译者的自我意识也包括对翻译行业种系发展的意识。自我意识可使学生从教条中解脱出来，成为一个自由的主体，一个对自己的行为负责任的主体，而不是一个顺从的客体。

2. 翻译教学必须遵循翻译能力的进化规律

翻译作为一种行为技能，是翻译能力的一个重要方面。切斯特曼（Chesterman）认为翻译技能是可以学会的，必须遵循德雷福斯（Dreyfus）兄弟（1986）提出的专业技能发展规律。德雷福斯兄弟把专业技能的进化分为以下五个阶段。

(1) 初学者阶段（novice stage）。学生主要学习识别与技能相关的各种客观事实及特征，以获取决定行为的规律。这些特征非常显著，无须语境便可识别。

(2) 高级学生阶段（advanced beginner stage）。学生经历了更多真实情景后，发现有些特征是因情景变化的（situational），而不能脱离语境（contexvfree）。

(3) 能力形成阶段（competence stage）。随着经验的增加，识别的情景特征增多，人们很难把所有这些特征都储存在意识之中，因此就必须发展优先选择意识，人们要学会决策的层级程序，包括情景的整体判断能力、制订计划以及选择实现这一计划最为重要的因素的能力。在这一阶段，有能力的学生具有任务目标意识，目标意识决定情景特征的优先选择。

(4) 熟练阶段（proficiency stage）。在这一阶段，人们不再只根据客观规则进行决策，更多的是依据个人经验。根据经验判断某些情景特征比其他特征更为凸显。学生能本能地运用这些模式，而无须解构这些模式，这并不是说整体性就排除分析性，熟练者根据直觉组织和理解任务的同时，也会对要做的任务进行分析性思考。因此，熟练者总是在直觉理解与理性的、审慎的行为之间摇摆。

(5) 专业技能阶段（expertise stage）。在这一阶段，一切依赖于直觉。有意识的参与被无意识的参与所取代。专业技能不再是分析性的、运算性的，而是非理性的、直觉的。因此，技能习得的整个过程是一个逐渐自动化的过程：从原子分析到整体识别；从有意识反应到无意识反应；从分析性决策到直觉性决策。

在翻译教学中必须遵循这一循序渐进的能力发展规律，起初要刻意培养学生识别各种翻译模因的自我意识。教师要针对各种翻译模因有计划、有步骤地要求学生进行反复的翻译训练，并要求其翻译行为明确地受到意识的监控；随着翻译专业技能的发展，学生识别相关情景特征的能力和选择恰当翻译策略的能力逐渐趋于自动化，最终成为一种直觉，这样，清醒的意识就演变成了学生能够随意运用的一种工具。

在初学阶段，给学生介绍一些典型的翻译策略，要求学生在比较源语文本和翻译文本时识别这些翻译策略，把翻译策略作为概念和经验规则来学习。例如，要求学生找出某一翻译文本中使用的某些翻译策略。

在高级学习阶段，要求学生根据原文分析译文，列举他们观察到的翻译策略。此时，这些基本的翻译策略已是学生非常熟悉的概念了，他们已经具备在具体语境中识别这些翻译策略的能力；也可要求学生通过翻译练习，学习运用某些翻译策略的能力。如要求学生在翻译具有显著特征的、标记性很强的文本类型或段落时使用某一具体的翻译策略，使学生逐步掌握翻译的句法和语法策略、语义策略和语用策略。

在能力形成阶段，主要侧重对学生分析决策能力的培养。要求学生进行译本分析，并阐明译者使用这些翻译策略的原因，译者优先考虑的因素或目标是什么？在进行具体翻译练习之前，要求学生陈述他们将要使用的翻译策略并阐明理由。在熟练阶段，要着重培养学生从分析性思维转向直觉思维。要求学生在规定的时间内完成某一翻译任务。因为时间压力，学生只能依据直觉选择翻译策略，没有时间进行分析思考。翻译任务完成后，要求学生针对所选用的翻译策略进行理性分析、比较和评估。也可进行分组讨论，让学生对各自的译文进行相互讨论和评价，目的在于帮助学生对通过直觉产生的译文进行反思。在专业技能具备阶段，无须实施教学。

第三节　错误分析理论

错误分析即对学生在学习外语的过程中所犯的错误进行全面系统的分析，以探索和研究所犯语言错误的性质和产生原因，进而防止或减少语言错误的发生。外语教学的改进与提高依赖于对学习过程的了解，而错误分析理论正是通过分析学生所出现的言语错误揭示学习过程中的一些带规律性的东西，并从理论上进行阐述。因此可以说，错误分析理论的建立是大学英语翻译教学的一大发展。

一、错误分析理论概述

在错误分析理论倡导者科德（S. P. Corder）的《论学生错误的重要性》中，首次阐述并形成了错误分析理论，在目的语中所形成的错误反映了学生对目的语知识的习得还未完全掌握或不全面。由此可以看出，借由错误分析理论来指导外语教学是一大发展与贡献，可以通过对目的语错误的分析来探索语言学生语言错误的某些规律并进行总结，在此基础上将其上升至理论高度并对其错误的规律性问题统一进行阐述。学生的错误可以为研究人员提供语言习得方法的证据，同时也可以使教师了解学生的学习现状，分析产生错误的原因，有助于人们分析和解决外语学习过程中出现的一些现象与问题，以及研究和了解语言学习的进程。同时，在翻译教学中如果能够通过错误分析理论对学生翻译中的错误进行分析，即可了解其在学习过程中的欠缺和困难，有助于轻重有序地组织教学。对于学生，通过分析错误，可以对其所学的语言规则进行假设性质验证。在国内，也涌现出一批著名的语言学家，对错误分析理论不断进行探索性研究。通过国内外语言学家不断的探索与努力，形成了一系列的错误分析理论，这使得人们在语言学习中改变了对错误本身的认识，不再一味地避免、畏惧错误的产生，同时，认识到可以通过摸索错误本身的内在规律而将其作为语言学习自身和语言习得过程的内在导向。通过大量的研究探索，这一理论必将成为第二语言习得（Second Language Acquisition，SLA）研究中具有积极意义的重要部分。综上所述，错误分析理论具有重大的意义及贡献。它使得错误的本质得到了重新认识，使其演变成为学生语言学习过程中的某种内在导向。语言错误的产生恰恰反映了学生所学的语言正处于积极进步的阶段，不断地进行错误分析是语言学习者或习得者在其学习过程中的一个不可避免的过程。

二、大学英语翻译教学中错误分析理论的应用

（一）资料收集及基本步骤

首先，进行错误语料的收集，此阶段的语料主要是第二语言学生在口语和书面表达中所犯的一些典型错误案例。然后对错误进行分类，可以将收集到的错误按定性或定量的标准进行分类，确定其类别，之后可对典型错误进行识别或判断，判断的标准可依据是否符合目的语的表达习惯来划定。接下来分析错误产生的原因，使其真正成为语言学习中的内在向导，最后根据错误的严重程度对错误进行评价和分析，最终使其成为教学中的科学依据，从而能够有针对性地制定积极有

效的课堂教学策略和规则。

（二）将错误分析理论运用于大外英语教学的实例分析

首先收集错误的语料信息，我们对来自某高校非英语专业大二学生的翻译作业以及测试信息进行了收集。对 120 名学生的错误进行归纳分析，选取了典型的错误语料，在错误分析中主要从以下三个层次来进行，即语法层次（grammar errors，包含大小写错误、拼写错误、时态错误、标点错误、动词或名词的数错和语态错误等）、表达层次（expression errors，搭配错误、不合目的语逻辑和惯用法错误、自创新词、意思含混不清等）和篇章层次（textual errors，整篇逻辑条理不清和无关联性）。

例如，让学生完成以下翻译题目。

1．相比而言，我们更关心工作效率和产品开发。

2．我母亲总是告诉我，从长远来看就会发现我没有放弃练习钢琴是多么明智。

3．人们经常认为男人比较坚强，但实际情况往往相反。

4．他被判了 5 年有期徒刑，但在监狱里待了两年就被释放了。

5．几乎周围所有的土地都专属于几个富有的农场主。

在非英语专业二年级 120 名学生中选取出具有代表性的译文。

1．Contrastly，we are more concerned about work efficiency and product development.

2．My mother always tell me in the long term，you'll find that I have to practice the piano is a wise.

3．People always think men are stronger than woman，but the reality is opposite.

4. He was judged 5 years punishment, but stayed 2 years in the prison to released.

5．All round lands in the area belong to several rich farmers.

首先，从语法错误层面来看。句 2 中的第三人称单数使用错误及句 4 中的被动语态使用错误都属于这一层次，这一层次的错误多数是由于学生的疏忽或是最基础的语法掌握不扎实所造成的。而从学生的译文中发现，汉译英中学生常常在被动语态上出错，这也与英汉语言的差异有关，而学生更多地受母语影响而出现错误。

其次，从 expression errors 层面来看。一是另创新词。句 1 中 contrastly，根据 contrast 误以为 contrastly 是其副词形式，原因是词汇量少，弄不清时自己生造。二是惯用法错误、搭配错误。句 4 中“判刑”译为“be judged”及“punishment”，错误的原因是不熟悉英文中的习惯表达及惯用语，按照自己的中文思维模式来任意搭配。三是表达不清、不合英文习惯。如句 5 中的“All round lands”，其原因为对文化背景的差异不了解，直接套用中文模式。

再次，从 textual errors 层面来看。上下文语义不连贯，篇章结构不清，句 2 没有应用“it is…that”这一句型结构，整句就是按照中式的思维模式及汉语习惯生硬地翻译成英文，造成语篇上的错误，句 3 的后半句、句 4 及句 5 都犯了类似错误。

经过对所有学生的错误进行统计可以看出，语际干扰对外语学生的干扰很大，所占比例高达 82%。而语内干扰的错误率并不高，其比例为 18%，对于这一类错误，只要学生能够认真对待并翻阅资料，一般能自行改正。而对于语际干扰所产生的错误，单凭学生自身无法认识到并积极改正，所以教师在上课过程中对文化背景及跨文化知识的讲解就显得尤为重要。只有鼓励学生多了解不同的背景知识，才能使其在翻译过程中考虑到汉英语言各自习惯表达之间的差异，才能减少此类错误，这需要通过大量的汉英翻译练习及教师的逐步引导，帮助学生逐步建立语感，使其意识到英语是一种逻辑性很强的语言，英语句子中各种成分之间的关系十分明确。

三、错误分析法对大学英语翻译教学的作用及启示

（一）加强理论对实践的指导作用，了解英汉语言差异

作为大学英语教师，想要提高学生在翻译过程中驾驭全篇的能力，避免在翻译中屡屡出错，就要有语篇意识并洞悉词在不同场合的搭配用法、感情色彩的差异，不能仅停留在词的字面意义上。从学生的典型错误中不难看出，学生的薄弱环节是容易在用词、语态、惯用法时态、表达方面出错。比如将“他被判了 5 年有期徒刑”译成 He was judged 5 years punishment。由于对英汉语言差异缺乏一定的了解，没有应用“it is…that”这一句型结构。

目前，一方面，由于大学英语的课时有限，教师不可能专门花费大量的时间去传授翻译技巧，而且在所有大学英语的教材中，每单元都只是在课后有 10 句左右的英汉互译练习，并没有专门的课程及教材介绍不同的文化背景知识、翻译技巧；另一方面，学生根本不了解翻译的基本原则，又何谈合理运用，所以教师必须为学生补充足够优秀的译文范例，让学生通过欣赏范文来感受诸如直译、意译、同化异化法等不同的翻译方法。

（二）在课堂教学中传授翻译技巧，同时培养学生的独立思考能力

在课堂教学中，教师应通过大量优秀译文的灌输逐步让学生自己体会英汉两种语言思维方式和表达习惯的差异。学生遇到困难时，教师不设标准答案，让学生尽可能多地独立思考，写出有自己想法的多种翻译答案，尽可能让学生多实践。在课堂上，教师还应该列举一些英汉翻译的名篇名句，让学生经常背诵这些名句，慢慢积累，逐步养成英语思维的习惯，之后可以对这些名篇进行深入的分析和解读，让学生切实体会英汉两种语言思维方式的不同，并逐步培养用目的语思维的能力。在对翻译实践训练的过程中，教师首先要冲破障碍，运用错误分析理论去切实培养和提高学生的翻译能力。当然，游刃有余的翻译需要学生双语表达的深层次能力，如果不能达到一定要求，学生就会对原文不甚理解，译文不符合表达习惯，翻译技巧综合运用能力缺乏，等等。因此，非英语专业翻译教学的重点是首先培养和提高学生的语言能力、双语能力，之后再进行翻译理论技巧的训练，启发学生自己找到解决问题的方法。

由于翻译涉及源语和目的语之间的转换，自然离不开英汉两种语言，因此，还要格外注重学生双语基本功的培养。首先要求对汉语源语能够正确把握其结构及深层含义，同时要有扎实的英语语法知识和足够的词汇量，还要求有良好的中英文修辞方面的知识和技能。目前，学生源语言的基本功普遍不扎实，对于源语言本身就不能很好地把握与剖析，又缺乏翻译中的基本技能。所以，在大外的英语教学尤其是翻译教学中，要重视对学生综合语言技能的培养，首先需要大量的语言语料的输入，只有通过语言信息的大量刺激输入，学生才能初步建立起目的语的思维模式，

才能逐步建立起对于目的语所谓的“语感”，才能提升语言应用的技能并将已形成的思维模式输出，并体现在外在的翻译等手段当中。教师应分析学生对目的语的输出错误并寻求其规律，有针对性地制定教学计划并运用恰当的教学方法。

第四节　功能对等理论

奈达在界定什么是翻译时说：“翻译是在接受语（receptor language）中寻找和源语（source language）信息尽可能接近的自然的对等话语，首先是意义上的对等。其次是风格上的对等。”在翻译时为了不受或少受限制，奈达认为，应该首先抓住原文的意义和精髓，即强调意义上的对等是第一位的；不应拘泥于原文的语言结构，即结构上的对等是第二位的。在评判翻译作品是否优秀时，奈达指出，一部优秀的翻译作品应丝毫看不出翻译的痕迹，因为译入语风格与其原语风格一致对等。

一、奈达的功能对等理论

尤金·奈达（Eugene A. Nida）1914 年出生在美国的俄克拉荷马州，是当代著名的语言学家、翻译家和翻译理论家。他一生的主要学术活动都围绕《圣经》的翻译展开。在翻译《圣经》的过程中，奈达借助于现代语言学的研究成果，深刻思考在翻译理论研究和实践中遇到的问题，提出了一套自己的翻译理论，最终成为翻译研究的经典理论之一，而他本人则被誉为“西方现代翻译理论之父”。

“功能对等”是奈达翻译理论的核心概念。所谓“功能对等”，就是说翻译时要在两种语言间达成功能上如语义、风格和文体等各方面的对等，不是文字表面意义的死板对应。翻译的作品既要传达出词汇的表层信息，也要能反映出其背后隐含的文化深层信息。由于原语和译语文化背景差异巨大，在翻译时形式很可能掩藏源语的文化意义并阻碍文化交流。要想使所翻译的作品读起来清晰、通顺、易懂，并在译语读者群中产生与原语读者群一样的效果，就必须打破原文的语言结构，改变原文的形式，采用译入语的表达习惯与表达方式。这样才能实现真正的对等：词汇对等、句法对等、篇章对等以及文体对等。

奈达的理论贡献主要在于他以一种新姿态对待不同的语言和文化：任何能用一种语言表达的东西都能够用另一种语言来表达；在不同的语言之间、文化之间能通过寻找对等语，以适当方式重组原文形式和语义结构来进行交流。这些观点非常有助于增进人类相互之间的语言交流和了解。

为了追求等效，奈达的功能对等理论将翻译过程分为三个步骤，即分析、转换与重构。也就是在翻译之前需要对原文进行分析，以正确地认识和把握原文，在转换的过程中创造性地运用另一种语言进行重构，最终准确无误地再现原文。以奈达的功能对等理论来指导大学学生进行翻译活动，学生就会尝试按照以上的步骤科学地、合理地进行翻译，避免采用以前习惯了的逐字转换的生硬做法，从而使译文符合译入语的词法、语法与句法。例如：把“让我看看”译为 let me see see，“人山人海”译为 people mountain people sea，“我很难完成这项任务”译为 I am difficult to finish the task，等等，令人啼笑皆非。

与此同时，以奈达的功能对等翻译理论来指导大学教师开展翻译教学，也为教师提供了一个全新的视角：在翻译教学过程中，不再拘泥于原文的词法、句法和语法；翻译的练习不再只是为词汇、语法服务的辅助练习；对翻译作品的评讲不再像选择题、判断题那样只给出一个固定答案，而是通过相应的指导，鼓励学生对参考译文进行探讨和完善，在比较中逐步提高学生们的英语翻译水平。这不仅有助于提高教师自身的教学能力，还有助于帮助教师形成一个正确的翻译教学观。

二、在大学英语教学中融入功能对等理论

（一）词汇层面对等

无论英语还是汉语，词汇是构成语句的最基本单位，而语句又进一步组成段落，因此要达到语义对等，首先应从词汇对等开始。

例 1：

做作业 do homework

做饭 cook a meal

做衣服 make clothes

做梦 have a dream

在汉语的词汇中一个同样的“做”字，翻译成英语时却用了不同的词汇。如果学生在做翻译练习时不对源语言进行分析，没有弄清楚汉语的真正语义就匆忙转换，那么出错就不可避免。因此翻译时首先要弄清汉语原文的具体含义，然后才能转换为相应的英语动词。

例 2：

浓茶 strong tea

浓汤 rich soup

浓雾 thick fog

浓烟 dense smoke

汉语中的“浓”不能一概用 thick 来表达，因为英语中对于“茶”“汤”“烟”有其对应的形容词来修饰。

例 3：

have a cup of coffee 喝杯咖啡

have a meal　吃饭

have a cigarette 抽烟

have a meeting 开会

have one’s hair cut 理发

have a talk 谈话

虽然汉语中的动词远远多于英语中的动词，但是英语中有语义各异的“万用动词”have 和 make。

因此，为了把相同的概念表述清楚，在翻译过程中要将英语中相同的动词和汉语中不同的动词进行对应的转换。汉语作为表意文字，词义丰富且组合灵活多变。而英语是表音文字，在演变过程中采纳了大量的拉丁语和古法语的词汇，形成了现在极其庞大的英语词汇量。因此，掌握庞大的英语词汇和汉语词汇是开展翻译活动的前提条件。此外，译者需具有语用意识。翻译的过程是一个寻求准确的词义对等的过程，所以无论源语多么复杂和富含文化内涵，译者都要能够结合源语词的具体情境，将其转换为自然贴切的目标语词。

（二）短语层面对等

多个不同的单词组合构成短语后，便拥有了更强大的表意功能，让译者在更大的语言单位内转换信息，完成翻译任务。英语和汉语都有大量的短语，因此短语对等在翻译教学中是非常重要的。在平时的教学及课外练习中会有一些相应的短语练习，即给出汉语短语，要求写出英语短语，或者相反。这些短语翻译练习主要涉及一些词语搭配。不可否认，在有些情况下，这样的练习对于大学生成功翻译语句是必不可少的，也是强化大学生英语语言知识的重要途径之一。

例 4：

break the record　打破纪录

Cold War 冷战

Black Market 黑市

hot line 热线

red-eye flight 红眼航班

这种字对字的直译，只是形式上的对等，而且并不普遍。在多数情况下，英汉双语之间找不到这样直接对应的短语。这时，按照奈达的观点，我们不应拘泥于形式上的对应，而是要追求语义上的对等。

例 5：

血肉 flesh and blood（而不是 blood and flesh）

新旧 old and new（而不是 new and old）

轻重 heavy and light（而不是 light and heavy）

落汤鸡 a drowned rat（而不是 a drowning chick）

student driver　教练车（而不是学生车）

dog days　三伏天（而不是狗日子）

30% off 七折（而不是去掉 30%）

high school 大学（而不是高校）

girl of the old school 守旧的女性（而不是旧学校的女生）

（三）句子层面对等

句子是言语交流中最基本的语言单位。要让目标语的接受者在最大程度上体验到与源语的接受者相似的感受，就要力争在互译中做到语句的对等，即很好地译出源语句子的意思。这往往是翻译的关键之所在。

例 6：

乍一看，这块手表没有什么特别之处，但实际上它是一部手机。

At first sight，there is nothing special about this watch，but in fact it is a mobile phone.

很多学生把“这块手表没有什么特别之处”直接翻译为this watch has nothing special，显然是因为学生习惯了字对字的直译，而没意识到英语常常用物称来表达，这样翻出来的句子带有明显的汉语味道。

例 7：

With these words he left the room.（After saying these，he left the room.）

说完这些话，他便离开了房间。

例 8：

The bridge is under construction.（The bridge is being constructed.）

那座大桥正在建造之中。

英语叙述呈静态（stative），倾向于多用名词，因而介词的运用发挥出很大的优势；而汉语倾向于多用动词，呈动态（dynamic）。如果学生掌握了这一知识，例 2 和例 3 的译文就会地道很多。

例 9：

这姑娘长得漂亮，鹅蛋形脸，两眼又深又黑，披着又长又密的头发。

She is a pretty girl with an oval face，deep dark eyes and long heavy clinging tresses.

例 10：

有困难找警察。

（Please）Turn to the police for help when（you are）in trouble.

例 9 和例 10 的句子整句与零句混合交错，体现了汉语句式多样灵活的特点。汉语口语里流水句很多，一个小句接一个小句，很多地方可断可连，而英语句子则常用关系词、连接词等，有着清晰的结构。

例 11：

All was cleared up some time later when news came from a distant place that an earthquake was felt the very day the little copper ball fell.

过了些时候，从远方传来了消息：在小铜球坠落的当天，确实发生了地震。这一切终于得到了澄清。

例 11 中的时间状语从句中包含一个同位语从句，同位语从句中包含一个时间状语从句，这充分体现了英语形合的特点。为了实现动态对等，首先学生应该把英语的长句转化成汉语的短句；其次要把英语“树状结构”的句子转化成汉语“竹状结构”的句子；再次，英语句子把最重要的信息放在句首，而汉语则遵循自然的顺序，因此把 All was cleared up 译为“这一切终于得到了澄清”放到了目标语即汉语句子的句末。

第五节　功能翻译理论

20 世纪 60 年代，纽马克将翻译纳入语义学的研究范围；贝尔根据心理语言学理论提出了翻译的心理模式。20 世纪 70 年代，以德国凯瑟林娜·赖斯（Kantharina Reiss）、汉斯·费米尔（Hans J. Vermeer）等为代表的功能翻译理论学派形成，该理论以现代语言学和逻辑思维学为基础，在翻译实践方面具有较强的实用性和可操作性。功能翻译理论是以目的法则为主导的翻译标准多元化理论体系，主要关注翻译目的和译文功能。目的法则、连贯法则及文本类型理论是该理论的核心内容。功能翻译理论打破了文本中心论的翻译研究传统，摆脱了对等翻译理论的束缚。由此，翻译研究被纳入跨文化交际研究领域，拓宽了翻译理论研究的领域。

一、功能翻译理论概述

功能翻译理论的主要构成理论包括：赖斯的文本类型和语言功能理论、费米尔的目的论、曼塔利（Mantari）的翻译行为理论和诺德（Nord）的功能加忠诚理论。功能翻译理论以目的为总则，把翻译放在行为理论和跨文化交际理论的框架中，实现了翻译理论从静态的语言翻译象征论向动态功能翻译分析法的转化。

（一）凯瑟林娜·赖斯的文本类型和语言功能理论

赖斯认为，译文应该在概念性内容、语言形式和交际功能上与原文对等，即综合性交际翻译；赖斯还认为文本分类可帮助译者确定特定翻译目的所需的合适对等程度，并从两种角度对文本分类：一是根据文本的语言特点和习惯，将文本体裁或变体划分为工具书、讲稿、讽刺作品或广告等；二是根据主体交际功能，把文本划分为信息型、表达型和诱导型功能文本类型。

（二）汉斯·费米尔的目的论

费米尔目的论的核心概念是翻译方法和翻译策略必须由译文预期目的或功能决定。基于行为理论，费米尔提出翻译（包括口译和笔译）是一种目的性行为，决定翻译目的的最重要因素是译文预期的接受者。在翻译过程中应遵循三个总体原则，即目的原则、连贯原则和忠实原则。目的原则是所有翻译应遵循的首要原则，即整个翻译过程，包括翻译方法和翻译策略的选择，都是由翻译行为所要达到的目来决定的。目的论把翻译行为所要达到的目的概括为三种：译者的目的、译文的交际目的和使用某种特殊翻译手段所要达到的目的，其中译文的交际目的最为重要。连贯原则指译文须符合篇内连贯的要求，是针对译文语篇内部及与译入语文化之间的关系而言。忠实原则是指译文与原文之间应符合篇际连贯的要求，是针对译文语篇与原文语篇之间的关系而言的，近似于译文应忠实于原文的说法，但与原文忠实的程度和形式取决于译文的目的及译者对原文的理解。有所不同的是，忠实原则必须首先服从目的原则和连贯原则。目的决定一切，从翻译策略、翻译方法到对原作形式与内容的取舍，再到目标文本的制作，都以这个翻译目的为参照。费米尔把原文只看作一种“信息供源”，仅提供翻译委托所需要的信息，而不再是评价译作的唯一或最高标准。译者有权按照翻译目的来取舍其中的信息，是否与原文保持篇际一致是由翻译目的来决定的，忠实于原文只是其中的一种可能性。翻译位于两极之间——遵循目标文化的行为与预期、用目标文化的方式来表达源语文化的特征。这两极间存在多种可能性，忠实于原文只是其中的一种可能性。翻译目的实现的可能性取决于目标文化的条件，而不是源语文化。委托只是间接依赖源语文化，因为翻译不得不涉及原文本，只有在特定的情况下，这个目的的实现才需要依靠目标文化与源语文本的关系。

（三）赫尔兹·曼塔利的翻译行为理论

曼塔利提出了翻译行为的概念，并探讨了包括文本转换在内的所有跨文化转换形式，着重论述了翻译过程的行为、参与者的角色和翻译过程发生的环境三方面的问题。曼塔利指出，翻译和翻译行为是两个不同的概念，翻译行为是为实现信息的跨文化、跨语言转换设计的信息传递过程；而翻译只是文本形式上的跨文化转换活动，在转换中，交际性的语言符号或非语言符号（或两者兼有）从一种语言转换成另一种语言。翻译是翻译行为的具体操作。翻译的实质反映出翻译的三个性质：目的性、交际性和跨文化性。该翻译理论从译入者的全新视角来诠释翻译活动，使翻译摆脱了原语的束缚。

（四）诺德的功能加忠诚理论

诺德从翻译文本、翻译方法和翻译单位等方面阐述了功能翻译理论。诺德的功能加忠诚原则，要求译者对翻译过程中的各方参与者负责，并协调各方关系。翻译使译语文本与原语文本之间保持联系并根据译文预期或所要求的功能得以具体化，从而使客观存在语言文化障碍的交际行为得以顺利进行。诺德从功能的角度划分了文本和翻译的类型。文本有四个基本功能：指称功能、表达功能、诉求功能和寒暄功能。文本功能的不同模式是编写翻译教材和翻译教学课程设置的基础。诺德区分了翻译过程的功能及所产生的译文的功能，并概括出翻译过程的两种基本类型，即纪实型翻译和工具型翻译。纪实型翻译旨在用目标语创作出一个真实反映原文交际活动的文本，记录源语文化的信息发送者和接受者在源语文化条件下通过原文进行交际。工具型翻译的目的是在译语文化中实现新的交际功能，即译文要在译语文化里的一次新的交际行动中充当独立的信息传递工具，译文根据自身目的对源文做出调整。

二、大学英语的语言特点及翻译原则

大学英语是依托英语基本语言为各专业服务的专门用途英语，是英语的一种社会功能变体，属功能性语言范畴，其内容涉及英语语言基础知识、各专业知识、行业习惯、民族习惯、人际关系和处事技巧等。大学英语源于普通英语，既具有普通英语的语言学特征。又是专业知识和普通英语的综合体，因而具有其内在的独特性。大学英语在词汇、句法、语篇和社会四个方面具有显著的特点。在词汇方面，大学英语的语言形式、词汇以及内容等与专业知识密切相关，承载着各专业理论和各专业实践等方面的信息。大学英语具有专业词汇、缩略语和合成词多以借用古词语和外来词语的特点，而且用词正式严谨。在句法层面上，大学英语具有长句突出、以陈述句为主及套语和套句众多的特点。大学英语语句的最大特点在于其简洁严密性，更加注重表达效果的准确性、时效性和逻辑性。在语篇层次方面，大学英语格式固定，语言正规简洁，风格准确严谨，语气庄重礼貌。在社会角度方面，大学英语具有目的性、信息性和文化背景鲜明的特征。大学英语翻译是一种跨语言、跨专业及跨文化的交际活动，大学英语也具有自己鲜明的文体和语言特色。大学英语翻译是一种复杂的互动思维的心理活动和信息处理过程。翻译主体（译者）的知识结构（图式）与翻译客体（文本）的理解和表达有着十分密切的关系。原文的理解和表达效果取决于译者的双语表达能力、相关专业知识、语言文化知识和语篇知识。

近年来，随着对外交流的增加和商务活动的频繁，大学英语翻译承担着越来越重要的任务，因此，作为指导商务翻译活动的翻译理论研究更应得到重视。大学英语翻译的标准有其特殊性。无论是严复的“信、达、雅”，还是纽马克的交际翻译法都无法完全套用，但均可适当借鉴。综合众多观点，大学英语翻译应遵循“忠实、准确、统一、通顺”的原则。国外各种翻译标准都是围绕文体的内容、形式、整体信息的传递或对等展开的。中国国内的各种翻译标准与国外的大同小异，主要围绕着忠实、等值、达意、传神等展开。鉴于大学英语的特性，大学英语的翻译标准可以是“信息的灵活对等”，即原文与译文语义信息的对等、原文与译文风格信息的对等、原文与译文文化信息的对等。大学英语翻译应遵循准确性原则、专业性原则和规范统一原则。

三、功能翻译理论在大学英语翻译中的应用

功能翻译理论注重译作在新的文化语境里的传播与接受、跨文化传递行为的最终目的和效果和译者在整个翻译过程中所起的作用。因此，该理论为商务翻译活动从宏观角度提供了理论依据。

（一）目的性原则对大学英语翻译的指导作用

功能翻译理论认为，任何翻译都是有目的的或要实现一定的功能，且翻译行为的目的是决定翻译过程的最高法则。在大学英语翻译实践中，基于目的性原则对原文本传递的多元信息进行有选择的翻译，可提高翻译质量，达到预期的翻译目的。商务文本翻译是在源语语篇和目的语语篇之间建立一种功能对等的关系，即目的语语篇和源语语篇在思想内容、语言形式以及交际功能等方面实现对等，完成完整的交际行为。因此，信息传达的真实性和读者效应是商务文本翻译的核心。

（二）连贯性和忠实性原则对大学英语翻译的指导作用

功能翻译理论的连贯性原则和忠实性原则有助于译者较好地实现译文的文本功能。商务文本的一个显著特征就是文本的连贯性，主要体现在文本的程式化和

术语一致性方面。因此，就商务翻译而言，忠实性还应体现在译文应精确地传译商务术语，做到译文的简洁、严密和庄重同译文的规范性、整体性以及礼貌和功能等方面的对等。商务文本翻译的忠实性就是要求译文有较高的准确性，这种准确性除了要求对商务术语进行正确的运用外，更重要的是要求译文在传递原文所包含的基本信息方面较少失真。

（三）文本类型理论对大学英语翻译所起的指导作用

文本类型理论是功能主义理论的出发点和精髓。商务文本多属信息型文本，以传递信息为主要目的，又注重信息传递效果的实用文体。鉴于不同的商务文本具有不同的交际目的和功能，翻译策略也不应一概而论。

例如，翻译商务合同时，大多采用“功能性”归化原则，保证相关信息准确传递，有利于贯彻执行，同时要注意这种文体特有的语域特征和尺牍规约。而广告翻译则应以“劝购功能相似”为基本原则，译文应与原文有大致相同的宣传效果、信息传递功能和移情感召功能。

（四）功能加忠诚理论对大学英语翻译的指导作用

功能加忠诚理论从文本功能出发，指导商务翻译译者从认识译文文本在目标语境中的功能出发，使译者在最大限度地忠诚于各方的基础上，力求把译文功能与处于特定语境的原语文本同时加以考虑：既注重译文功能，又兼顾原作者和读者的利益，使译文功能在目标语境中得以充分发挥和实现。这对于信息量大、以文本内容为中心、功能明确的大学英语翻译无疑具有重大的指导意义，有待于商务翻译译者在翻译实践中加以学习和运用。

因此，译者应针对不同的翻译任务和不同的读者需求而采取不同的翻译策略。无论从理论角度还是从实践角度，功能加忠诚理论都对商务翻译起着较好的指导作用。

第六节　图式理论

图式理论在翻译的理解和表达过程中起到了重要的指导作用，它反映了已存在的认知结构在处理外界信息时的主动性。翻译实践表明，译者的相关图式越丰富，对文本的解读能力越强，翻译出来的文本可接受度越大。因而，在翻译教学中，教师有必要激活学生已有的翻译的相关图式，同时，也应该帮助学生建立更多新的图式。认真研究图式理论的精髓，尤其是深入分析图式的功能、图式的激活，就会发现它们其实都具有双向互动和动态发展的属性特征，这正是语言产出技能培养方面研究与实践的切入点。

一、认知图式与图式理论

图式（schema）本是认知心理学的一个术语，用于表征人类一般知识的一种心理结构。图式在心理学中并不是一个新概念，最早是由康德（I. Kant，1781）提出，后为人沿用并衍生新意。康德认为，图式是过去的知识在大脑中的储存，图式本身并无意义，只有当它同人们周围已知事物相联系或相参照时才会产生意义。在接受新信息、新概念、新思想时，只有把它们同脑海中固有的知识联系起来才有意义。20 世纪 70 年代，心理学家对理解和记忆的研究日渐深入，巴特莱特（Bartlett）的理论获得了新的意义，它不再局限于一个心理学术语，而逐渐进入语言学家研究的领域。在语言学领域，图式理论可以说是关于背景知识在语言理解中作用的学说，即人们在理解新事物的时候，需要将新事物与已知的概念、过去的经历，即背景知识联系起来。对新事物的理解取决于头脑中已经存在的图式。输入的信息必须与这些图式相吻合，图式才能起作用，完成信息处理的一系列过程。如果大脑不具备相关的图式，或者虽然具备了相关图式，但由于种种原因未能激活它，那么就不能理解新事物。

图式包括语言知识、社会文化知识和其他知识。根据这些知识的不同性质和特点，图式可以分为三大类：语言图式（linguistic schemata）、内容图式（content schemata）和形式图式（formal schemata）。语言图式是指读者先前的语言知识，即关于语音、词汇和语法等方面的知识。内容图式是指文章的内容范畴，是文章的主题，因此内容图式又被称为主题图示。形式图式通常也被称作文本图式，或者也称修辞图示，是有关各类文章篇章结构的知识。图式理论的发展为语言学、语言教学特别是外语教学带来了新的思维、新的研究途径，同时也为翻译教学提供了新的视角。

二、图式的功能

（一）选择功能与信息的注意、编码和检索

图式的选择功能包括信息的注意、编码和检索，注意是指信息加工能力的取向和集中；编码是对信息进行加工和存储；检索是从记忆中提取信息。这种选择功能与已有的专业认知图式相联系，可上升为计划功能，即在环境中有计划、有目的地寻找需要的信息。

（二）整合功能与认知的同化、顺应与平衡

与认知的同化、顺应与平衡整合的过程是人们提取存储于自己头脑中的内部信息，将其加到外部信息上，用内部信息处理外部信息的过程。在这一过程中，通过同化、顺化和平衡，实现认知发展。图式正是经过同化、顺应、平衡而逐步构成更高一级的形式。

（三）理解功能与认知的范围、角度与深度

注意是指信息加工能力的取向和集中；对同一事物理解的角度随着认知图式的不同而不同；认知图式不同，对于相同信息理解的深度和广度也是不同的。一个完整的、正确的图式还可以帮助推测新的事实。

三、认知图式在翻译过程中所起的作用

翻译属于一种语言之间的转换活动，也就是说，翻译是将一种语言用另一种

语言进行表达的转换过程，这种过程从表面上看是一种语言活动，但是从翻译的主体即译者的角度来说，翻译实质上是一种思维活动。这就是翻译的本质，是由思到言的过程，思即理解，是对源语文本的正确解码；言即表达，是在理解源语文本的基础上创造译语文本。随着认知语言学的兴起和发展，翻译研究也展开了新的思维领域。从阅读的心理过程来看，翻译是一个解码和重新编码、理解和表达的过程。译者将源语言所包含的信息在记忆信息解码并重新编码为目标语言，而在这一过程中，图式理论起着重要的指导作用。因此，翻译交际实际上是原文作者、译者和译文读者三方交流互动的过程。要使交际成功，译者作为原文的读者首先应充分地理解原文作者意欲表达的信息和意图，然后在译文中传递给译文读者。

无论是译者对原文的理解，还是译文读者对译文的理解，在理解过程中接受新信息时，他/她必须把新信息和文本上下文中提供的旧信息以及交际情景相结合，并在自己的认知语境进行中寻找并激活相关的图式，推导出作者意欲传达的意图和信息，从而形成对新信息的理解。

一方面，认知图式在翻译的理解阶段起到指导作用。图式理论在解释文本的理解过程中强调两种信息处理方式：一种是自下而上的加工方式（bottom up processing），也被称为“数据驱动加工”（data-driven processing），即由词到句乃至到意义的逐步解码过程；另一种是自上而下的加工方式（top-down processing），也被称为“概念驱动加工”（conceptually driven processing）。即译者以已有的知识为基础，对文本的意义进行预测以及动态的交互过程。而且，译者要有相关的语言、内容以及形式图式，在被激活的情况下才能正确地理解源语言。对译者来说，拥有的相关图式越丰富，也就越容易理解和进行解码。反之，较少或缺乏相关图式，就会对理解产生障碍。也就是说，阅读时不能恰到好处地运用背景知识，就不能成功地激活图式，阅读理解就会受到严重的影响。因此，在翻译的理解过程中，译者还要善于激活大脑中与源语文本相关的图式，以求对源语文本进行充分正确的理解。

另一方面，认知图式在翻译的表达阶段起到指导作用。可见，读者对译文的理解同样有一个“图式”的问题，图式理论专家指出：要达到正确的阅读理解，读者不仅需要相关图式，同时还必须激活图式。图式不能有效激活的原因之一，是阅读材料没有提供必要的信息或者说刺激。因此，译者的表达既要适合译文潜在读者的“图式”，又要能提供足够的信息以激活读者的图式，使表达能为译文读者所理解。只有这样，才能使翻译完成从译者对源语文本的正确理解到译文潜在读者对译文的理解，最终实现不同语言与文化的发送者和接受者之间的交流目标。

四、图式理论对培养大学生英语产出技能的作用

图式理论是一种关于人的知识是怎样被表征出来的以及关于知识的表征如何以特有的方式有利于知识的应用的理论。人类的认识依靠记忆中已经存在的图式，面对世界上千差万别的个体，图式能够使人把各种物体区别开来。人们处理外部信息都需要调用大脑中的图式，依照相关图式来解释、预测、组织和吸收外部信息。可见，图式具有认知的能动性，它既表征知识，又蕴含能力，从中可以就培养大学生英语产出技能问题获取有益的新启示。

（一）构建英语图式知识，增强大学生英语产出的认知储备

大学生虽已具备了相对完整的英语知识体系，但不少学生面对具体的语言产出应用任务时仍无能为力。这是因为，语言产出的过程实质上是一个问题解决的过程。学生有无解决问题的办法，不仅与有无足以表达这一命题的词汇量、充足的句法知识、足够的与主题相关的信息等相关，更与这些知识信息在头脑中的组织结构相关，即与其认知图式水平相关。

认知图式不仅是相关知识的集合，而且是人们过去积累的知识、经历以及相应能力在大脑的动态组织，是一种积极的发展模式。大学英语教学应在教学的不同层次上，不断构建、发展和完善学生相关的认知图式，从知识信息和认知图式两方面加强积累和储备，增强学生的语言产出能力。

在词汇、句型教学层次上，应注意构建一些与基本词汇和句型有关的语言图式知识，加强基本句型的教学和强化训练。基本句型及其转换形式能够衍生出无

限的实际使用的句子。这正是最基本的语言图式知识。在段落、语篇、文体教学层次上，学生缺乏的不是与主题有关的单个知识信息，而是缺乏这些知识信息的有机结构，即相应图式知识的不足。因此，教学应着重段落图式、语篇图式和文体图式的构建。有了词汇、句型、段落、语篇、文体这些各个层次的图式知识以及各层次图式的相互联系，再将其与学生的背景知识和语言技能技巧相结合，就能增强学生的英语认知储备，为实现英语产出夯实基础。

（二）发挥图式功能作用，提供大学生英语产出的认知向导

学生语言产出技能的练习过程是一个对目的语不断做出假设并对此假设不断进行修正的过程。图式理论强调两种基本的信息处理方式，即材料驱动和概念驱动。如果说语言材料的接受主要是采取材料驱动的处理方式，那么，语言的产出则更多地受益于概念驱动。图式理论对语言产出，尤其是对动态的交际性语言产出的作用，主要表现在推理和预测。图式的固有功能对基于预测的语言产出的准确与流利发挥着重要的导向作用，为实现教学任务提供了契机，主要表现为以下两个方面。

一是发挥图式的选择功能作用，准确地定位信息取向，迅速提取信息。学生的英语产出不是随意的，必然受到认知图式的制约和影响。应以准确的任务要素刺激学生的图式知识信息，引导其提取有价值的信息，组织语言产出。如果在学生已有语言认知图式的基础上，将选择功能上升为图式的计划功能，就能让学生在具体的语言环境中有计划、有目的地寻找实现语言产出所需要的信息。

二是在图式的整合功能和理解功能作用下，对语言产出不断做出假设，并对此假设不断进行修正，实现准确的语言产出，就可以找到不少切入点来推动这一过程向正确的方向发展。例如，从潜在的众多图式中推理出适合交际情景的一个图式来帮助解释交际中接触的信息内容；在已选择出的图式中进行推理，从而使其各组成部分充分发挥作用；当交际信息出现“缺省值”时，从已有的背景知识中推理出该内容，填充空当，从而达到理解的目的；借助图式为理解交际语言内容提供参照，帮助预测下一步语言交际可能出现的情景和需要准备

的语言材料。

（三）激活已有认知图式，实现大学生英语产出的成功突破

语言产出过程中出现的脱节、阻滞或停滞，往往是由于图式激活受阻。学生的图式激活不畅或受阻，可能就在于与主题相关的某单个图式的激活问题，也可能是在于多个图式或整体图式的激活问题，应帮助学生掌握激活图式的途径和方法，突破图式的瓶颈，顺畅地激活受阻的图式，提高语言产出的技能，成功地实现语言产出。在激活图式的两种基本模式中，语言产出技能培养教学更应偏重于“自上而下”的训练，即通过“概念驱动”的途径，激活与主题相关的图式体系，为交际活动和语言产出提供一个尽可能完善的认知图式环境。概念驱动还可以更有效地发挥图式的推测和假设作用，让图式激活过程随着交际和语言产出的进行而层层推进。

图式的激活方法训练，还可参照安德森（Anderson）和皮尔逊（Pearson）（1984）提出的关于图式激活的三个假设：第一个假设，与图式相关的任何一个词汇很可能使人们想起整个图式。这些单词对学生来说具有诊断性的价值，就是所谓“关键词”。第二个假设，当两个或更多的刺激物被提到时，整个图式被激活。可见图式的激活也有量变和由量到质的转化问题。第三种假设，一旦图式被激活，就可能使人们想起图式的组成部分。这其实就是概念驱动模式的具体运用。

五、图式理论对翻译教学所起的指导作用

图式理论既研究语言理解的本质，也研究语言理解失误或失败的根源，它对设计翻译教学内容、分析学生翻译问题等具有一定的指导作用。

（一）对教学内容设计的指导作用

图式理论的核心是图式激活，即译读者的固有知识与输入的信息产生共鸣或交互作用。图式激活要求译读者具备与所输入信息相匹配的知识以及有效激活（activate）固有知识的策略。由此可见，培养和丰富学生的各种图式，包括语言、

修辞、篇章结构、文化和语用等知识，提高学生有效地运用各种图式构建正确语篇意义的能力，应是翻译教学的重要内容。

图式激活理论对翻译教学的意义还在于，它还要求译者的译文要适合潜在读者的图式。翻译中的欧式中文和中式欧文现象往往会影响译文读者有效地激活图式，因此，译者既要具有目的语图式，又要具备沟通两种不同语言图式的能力。被动语句、抽象名词和无生命名词作主语等是西方人客体型思维模式在语言中的典型表现，而主动语句、具象词等则基于汉语族人的本体型思维模式。好的译者往往善于处理两种语言表达的相互转换，因此，帮助学生提高这方面的能力同样是翻译教学的重要内容。此外，以翻译为目的的理解与以阅读为目的的理解有所不同，后者可以是全面的，也可以是对主旨或部分细节的理解；可以是深刻的，也可以是模糊的理解，而前者必须是全面深刻的理解。因此，略读、跳读、猜测或忽略生词等可能是阅读教学的主要特点，而细读、反复推敲则是翻译教学的主要特点。

（二）对分析学生翻译失误的指导作用

学生的许多翻译错误是理解不当造成的，对于理解失误，我们通常可以根据图式理论找到不同的根源，如图式空缺、单向加工或策略不当等，也只有了解了错误的根源，才能做到治本。

1．图式空缺

图式空缺指读译者的理解失败是由于缺少某种知识结构或图式。无论语言知识还是内容知识的空缺都有可能导致理解失误，例如，把“Air Jordan is considered to be the best in history．”译成“乔丹航空公司被公认为有史以来最好的航空公司。”是因为不了解 Air Jordan 是篮球明星迈克尔·乔丹的外号“飞人”乔丹。

2．单向加工

有时读译者的理解失败是因为依靠单一的加工模式：或仅仅是逐词逐句解码，或仅凭先存知识来作判断。图式理论专家认为，外语学习者往往更多地依靠自下而上的解码模式。中国学生常常把“Before you know where you are，your children have grown up．”译成“在你知道你在那里之前你的孩子们长大了。”“在你知道你在那里之前”就是对 Before you know where you are 逐词解码，虽然字面意思对，但显然不符合逻辑，如果学生能将字面意义和常识结合起来，就能得到合乎逻辑的理解：“一转眼孩子们长大了。”

3．策略不当

能力强的译者和能力弱的译者的主要区别在于，前者善于根据特定语言环境变换信息加工模式，而后者无论在什么情况下往往只会使用一种信息加工模式。同样是“Can you+verb phrase”，有时自下而上的单向加工过程可行，例如：“Can you swim？”（会游泳吗？）有时需要自下而上和自上而下的双向加工过程，例如：“Can you pass me the salt？”（请把盐递给我。）

六、认知图式对翻译教学的启示

图式理论揭示言语理解的本质，对认识翻译起着积极的指导作用，从而给翻译教学带来启示。在翻译教学中，教师除了自身掌握图式理论外，还应帮助学生认识图式理论在翻译理解阶段和表达阶段的重要作用，学习有效运用图式的策略，并通过各种翻译实践活动加强学生运用图式的意识。

（一）教师应帮助学生建立和完善丰富的语言图式

“语言是传递信息的工具，没有相应的语言图式，就无法识别原文的句词，也就无法利用原文提供的信息和线索去调动大脑的内容图式和形式图式，也就谈不上对原文的理解。”因此，语言图式是词汇、语法和习惯用法等方面最基本的语言知识。掌握了这些基本的语言知识，才能使学生更容易进行解码，消除最基本的翻译障碍。这就要求在翻译教学中，教师应使学生加强方方面面知识的积累，包括对词汇、语法和习惯用法等最基本的语言知识的掌握。

（二）教师应帮助学生建立和扩充丰富的内容图式

所谓内容图示的建立和扩充，就是指对文化背景知识的了解和丰富。“对一个民族文化背景知识缺乏了解，往往是造成阅读困难的一大因素。所以说，内容图式在阅读理解中的作用大于语言图式，它能帮助读者预测信息、选择信息和排除歧义，能加速并提高读者对文章的理解，在一定程度上能弥补语言知识方面的不足。”

（三）教师应帮助学生强化对形式图式的理解与运用

不同文章都有各自的特点和框架。例如，政治性的文章通常是比较性的，新闻性的文章通常是描述性的，历史性的文章通常是时间性的，等等。对文章体裁结构的了解也有助于对文章内容的了解，对这些知识的了解就是形式图式的建立。翻译不仅是字词句的理解与表达，更离不开宏观上对语篇层次上的结构分析与理解。因此，在翻译教学中，教师应帮助学生掌握其逻辑关系和内在联系，这样既有助于加深学生对原文的理解，又可以提高学生的思维能力。

第三章　英语教学理论概述

第一节　英语教学的基本认知

一、英语教学的含义

英语教学是指对于英语是或者不是第一语言的人进行教授英语的过程。英语教学涉及多种专业理论知识，包括语言学、第二语言习得、词汇学、句法学、文体学、语料库理论、认知心理学等内容。

英语教学是一个循序渐进的过程，无论是对于英语是或者不是第一语言的人来说，英语学习在全球化快速发展的今天都是至关重要的。

二、英语教学的基本原则

（一）循序渐进原则

英语的授课和学习过程应遵循事物发展循序渐进的一般规律，即从易到难、从外到内。只有这样才能保证把学习到的英语化为己用，避免出现不能把学习到的英语知识运用到实践中的窘况。英语教学和学习的循序渐进主要包括三方面的内容。

第一，从口语过渡到书面语。从口语过渡到对书面语的学习，对于英语的初学者来说比较容易掌握。所以，学生可以在初步掌握英语口语的基础上，再去学习书面语，这样可以增强学生对英语学习的自信心。

第二，从听说能力过渡到读写能力。在英语教学中，应注意对学生听、说、读、写综合英语能力的培养。但听、说、读、写这四项不同能力的难易不同，因此，教师在教授过程中，应遵循从易到难的原则，先培养学生简单的听、说能力，掌握一些简单的词汇和句子结构，然后逐步进行具有难度的读、写教学，为学生的深层学习奠定好基础。

第三，逐步提高学生的综合能力。英语能力的学习是一个螺旋式发展的过程，需要学习者多次进行训练和巩固。在这种不断学习的过程中，教师要引导学生在复习旧知识的过程中，学习新知识，从而逐渐提高学生的综合英语能力。

（二）兴趣原则

兴趣是引导一个人走向成功的关键因素。在英语学习的过程中，学生对英语的兴趣决定着其是否可以真正学好英语。现阶段，我国高校大学生在英语学习过程中普遍存在消极被动的情形。但是，这并不是一开始就有的现象。很多学生在刚开始接触英语时，都热情高涨，对学好英语很有自信。这是因为人对新鲜事物所具有的天然兴趣和好奇心。但随着时间的流逝，大多数学生的英语水平并没有得到提高，使得他们对英语产生了厌烦的心理。造成这种现象的原因是传统教学理念的偏差，教学方法过于陈旧，考试体系不能真正考核学生的实际英语能力等。因此，要想从根本上改变学生的英语水平，必须致力于培养学生学习英语的兴趣，兴趣是最好的老师，只有这样，学生才能积极主动地投入到英语学习中去。在这个过程中，英语教师需要注意以下几个方面。

第一，找到学生的兴趣点。只有这样，老师才能在教学的过程中利用这些学生感兴趣的材料，激发学生学习英语的兴趣。

第二，表扬取得进步的学生。一定的激励举措可以促进学生的有效学习，在学生心中建立良好的反馈。

第三，要注意师生之间的双向互动。实践表明，学生对一个老师的好恶，很可能影响学生对这个老师所授课程的好恶。因此，英语教师要在课堂上营造轻松活泼的教学氛围，在课下多和学生进行沟通。

第四，对教学评价方式进行革新。可以在教学评价方式中引入形成性评价，使学生在注重学习成绩的同时，也要注重学习的过程，激发他们在学习过程中获得新知识的求知欲。

（三）灵活性原则

由于语言是一个不断处于发展变化过程中的，为了保证学生对英语学习始终充满兴趣，老师同样要注重对灵活性原则的运用。英语教师在教学过程中，应注意以下几个方面。

一是运用灵活的教学方法；二是学生在学习过程中，教师要扮演引导者的角色，指引学生采用灵活的学习方法；三是在课堂上灵活使用英语。语言的主要用处是用来沟通和交流的。老师在课堂上要自主灵活地使用英语，为学生树立榜样，从而在潜移默化中影响学生使用英语。

（四）交际原则

在英语教学改革中，要始终贯彻交际性原则的要求。老师的职责不仅是教授学生相关英语的语法、词汇等基础知识，还要指导学生在实际生活中运用英语。这需要教师在实际授课过程中做到以下几个方面。

第一，正确理解英语教学的性质。英语教师在授课前，需要明白现在社会所需要和高校想要培养的英语人才并不是应试高手，而是能熟练使用英语的高素质大学生。英语教学是一种为了提高学生听、说、读、写能力而开展的综合型课程，所有教学活动的开展，都应该致力于培养学生熟练使用英语的能力。而学生用英语进行交际的能力需要在使用英语的过程中得到提升，只注重对学生理论知识的传授，对于英语教学是远远不够的。

第二，明确英语是一种用来交际的语言工具。归根到底，英语教学的最终目的是培养学生用英语进行学习、工作和生活的能力。因此，在英语教学过程中，英语教师应把交际原则放在首位，培养学生在课堂上和生活中用英语进行交际的能力。英语老师在开展教学活动中，要注意以交际为主要的关注点，在课堂上营造用英语进行交流的学习氛围。

第三，教学内容要和现实生活密切结合起来。英语学习是为现实的学习和工作服务的，因此教学内容要注重和现实生活相结合。在具体教学活动中，英语教师应把语言和学生所关心的话题结合起来，以此来引起学生的关注，激发学生的学习热情。

第四，在教学中创设交际情景。真正具备英语交际能力的人，是能够做到在恰当的地点和时间，以恰当的方式向恰当的人说恰当的话的人。为了培养这样的高素质大学生，需要英语教师在教学过程中创设交际情景，通过开展不同类型的教学活动来培养学生应用英语的能力。情景所包括的要素主要有时间、地点、参与者、交际方式、谈论的题目等内容。在不同的情景中，由于一些要素的制约，讲话者的内容和语气也会随之不同。同时也会出现同一句话在不同的情景中表意不同的情况。如，“Can you tell me the time？”可能具有两层意思，第一层意思是质问他人迟到的原因，第二层意思是询问时间。因此，在教学过程中，为了使学生对每一句话的表意有准确的理解，英语老师应注意把教学内容置于特定的情景中。英语老师可以利用各种教具作为辅助，开展不同情景的交际活动。同时，教师也可以调动学生的自主性，设计一些具有交流性质的任务型活动，让学生自主完成特定的学习任务，从而在完成任务过程中获得相应的知识。

（五）系统原则

系统性原则可以帮助学生获得所学知识的系统概念，在大脑中形成相关的知识结构框架，从而更好地掌握所学的知识。因此，在英语教学改革中，也要注重遵守系统性原则。为了使学生得以系统地掌握所学知识，教师需要做到以下几点要求。

第一，系统安排教学工作。这要求教师的教学工作应具有一定的规划，可以通过有计划地备课，有计划地布置作业等来完成。

第二，系统安排教学的内容。为了确保学生可以循序渐进地掌握现阶段应掌握的知识，教师在安排教学内容中，应按照一定的顺序展开。比如，在安排低年级英语教材的教学内容中，不要机械地去理解系统性的知识。教师应按照教科书的编排顺序和实际授课的情况，确定讲课的重难点。当讲授新的知识点时，要由浅入深，由易到难，循序渐进地进行讲解，以便于学生掌握。

第三，系统安排学生的学习。教师在教学过程中要发挥好引导者的作用，指导学生进行连贯和系统的英语学习，鼓励学生对于英语学习要坚持不懈，要有恒心，同时要树立学生学好英语的自信心。在具体教学实践中，教师通过在课堂上讲解习题的形式，督促学生按时完成学习任务，培养学生日常坚持学习英语的习惯，杜绝学习英语只是为了应试的不良学习风气。

（六）关注情感的教育性原则

不同于传统的教学模式，现在的教学模式多以学生为中心。因此，在进行英语教学改革中要体现以学生为中心的教学理念，关注学生的情感。教师可以通过以下几个方面关注学生的情感。

第一，努力营造良好的教学环境。英语教师要努力建立相互尊重、理解和信任的新型师生关系，并注意营造轻松愉悦的学习氛围。

第二，要培养学生形成积极的情感。其具体举措包括在课堂上讨论情感问题的方式，建立情感态度的沟通渠道等。

三、英语教学的理论基础

（一）认知理论

认知语言学是认知科学和语言学相结合形成的新型学科，兴起于 20 世纪 80 年代，在我国得到广泛的认可是在 20 世纪 90 年代，其相关概念对许多领域产生了深刻的影响，其中包括第二语言习得和教学等领域。认知语言学中被英语教学所借鉴的主要有基本范畴、隐喻认知结构、象似性、图式等。

1．基本范畴

范畴产生于人们对客观事物进行判断、分类和储存的需求。需要注意的是，在统一范畴中不同的事物可能处于不同的层面和地位，有一些事物被人类迅速地认知，这些可以被人类迅速感知的事物所处的范畴领域就被称为基本范畴。基本范畴具有四项主要的特点；其一，具有能被感知的特征；其二，可以在第一时间被识别；其三，被认识、命名、掌握和记忆；其四，对一些特定中性词的使用频率较高。

这对英语教学和学习的启示是，在词汇教学中，英语教师首先讲解一些基本范畴的词汇，然后再讲解更高范畴层次的词汇；学生要按照词典对词汇范畴的划分，先学习那些是基本范畴的词汇，再学习其他更高范畴的词汇。

2．隐喻

莱考夫和约翰森在其著作中提到，隐喻不仅是一种语言现象，更是一种思维方式和隐喻概念体系，是人们的认知思维方式之一。他们认为，人类思维的方式其实就是隐喻，人们构建概念系统的方式也和隐喻的方式相似。词语的隐喻意义的产生渠道主要有两种：其一是为了适应生活的需要灵活产生的；其二是在不同民族和国家中约定俗成的隐喻意义。在词汇教学中，要注意对学生隐喻思维的培养，良好的隐喻思维可以帮助学生深入理解不同语言民族的思维特点，理解语言形式表层难以理解的某些概念。

3．图式理论

约翰森认为意象图式指的是通过感知的相互作用和运动程序获得的对事物经验给以连贯和结构的循环出现的动态模式。“图式”指的是知识在头脑中储存的方式，是大脑按照积极性原则对过去经验进行的反映和重组。

鲁梅尔哈特认为阅读图式包括三方面的内容，即语言图式(1inguistic

schemata)、内容图式(content schemata)和形式图式(formal schemata)。在英语的听力理解中，同样具备这三方面的内容。形式图式包括语篇图式，因此老师在教授过程中不仅要解决学生的语言障碍，还要讲解文章的结构。内容图式要求老师要针对不同教学目的和教学对象选择不同的阅读材料进行授课。从本质上来看，英语的阅读教学要处理好阅读材料的内容图式和学生大脑中内容图式之间的平衡关系。

4. 距离象似性

距离象似性指的是概念距离和语言形式的距离成正比，其理论基础是认为，临近的概念和思想容易被唤起，在心智水平上放在一起进行处理的可能性也越大。在英语学习中，可以借鉴一定的距离象似性原则，从而更好地学习语法知识，更得体地运用英语进行交际。

索绪尔在《普通语言学教程》中曾经提出语言符号任意性的原则，后被认为是人类语言的本质特征之一。但是随着认知语言学的进一步发展，语言符号的任意性原则遭到了普遍的质疑，从而引起国内外相关专家和学者对语言象似性的关注和研究。在我国，对语言象似性进行研究的主要有沈家煊、杜文礼、王寅等人，王寅认为语言象似性是“语言符号在音、形或结构上与其所指之间存在映照性相似的现象”。

很久以前，距离象似性就对语言符号象似性展开了研究，最早的研究者是哲学家和符号学家。美国哲学家皮尔斯曾经提出了将符号分为象似符(icon)、标志符(index)和象征符(symbol)的符号三分法。功能主义语言学家海曼将语言结构的象似性分为成分象似与关系象似两大类。成分象似值得是语言成分和人类的经验成分存在一定的象似之处；关系象似指的是语言结构的不同成分之间的关系和人类经验的结构内部成分之间的关系存在一定的对应性。

在学习英语的过程中，不仅要获取相关的语言知识，还要培养用英语进行交际的能力。因此可以分析英语语言交际中的距离象似性，来探讨其对英语交际的重要原则——得体性与礼貌程度所造成的影响。

(二) 语言学习理论

1. 行为主义学习理论

行为主义学习的理论基础是“条件反射”，该概念由俄国生理学家巴甫洛夫(Ivan Pavlov)提出。在“条件反射”概念的启发下，人们通过研究发现，儿童的学习语言过程是一个重复的“刺激—反应”的过程，儿童在这个过程中实现对母语的学习。

(1) 华生行为主义学习理论

行为主义学习理论是由美国心理学家华生(John B. Watson)在 20 世纪初所建立的。他认为人类的行为可以用客观的方法进行研究。华生强调，在特定的环境下，动物和人的复杂行为都是通过自身所习得的，并且都具有刺激和反应这一共同的因素。基于此，华生提出了著名的行为主义心理学公式，即“刺激—反应”(S—R，即 Stimulus—Response)。

(2) 斯金纳对行为主义学习理论的发展

在华生行为主义心理学基础上，美国学者斯金纳(B. F. Skinner)对行为主义继续展开研究，并在 1957 年出版了《言语行为》(Verbal Behavior)，在本书中斯金纳进一步概括了行为主义对于言语行为的影响。斯金纳在《言语行为》中认为，人类的言语产生于一些刺激活动，这些刺激包括外部刺激和内部刺激，在这些重复不间断的刺激活动中，使人们学会了与自身的生活社区所适应的语言形式。可见，“重复”对学习的重要性。行为主义的学习模式可以用图 3-1 进行表示。

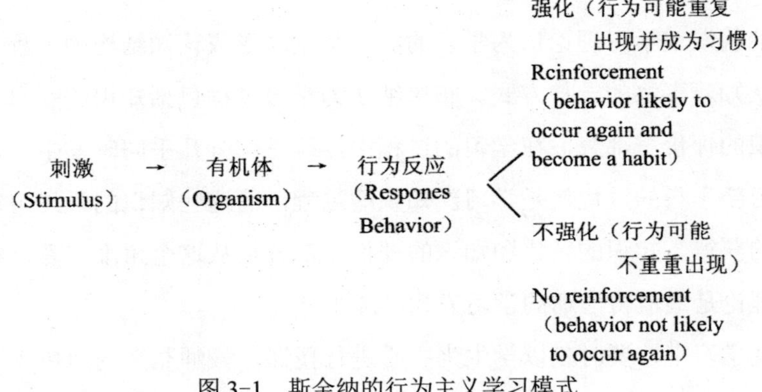

图 3-1 斯金纳的行为主义学习模式

行为主义学习理论对英语教学的实践有深远的影响。如，在学习过程中，对学生实行一定的奖惩机制来促进学生的学习，遏制一些不利于学习的因素。这就是说，英语教师可以通过开展活动来对学生的学习过程进行干预，从而促进学生的学习积极性，通过表扬的形式激励学生的学习的自主性，通过警告的形式制止学生中存在的不良学习行为。

2．认知主义学习理论

从上面的分析中可以看出行为主义理论在语言研究中占据了重要的地位。但是行为主义把人的思维都简单化地看作是“刺激—反应”的过程，对人的意识问题没有进行充分的考虑。因此，逐渐受到了相关学者的质疑。在这样的学术背景下，认知主义学习理论逐渐有了立足之地。该理论认为学习过程是通过对情景的认知和领悟而不断形成认知结构的过程，其主要关注点是学习的内部条件和步骤，主要有皮亚杰的发生认识论和布鲁纳的发现学习理论。

(1) 皮亚杰的发生认识论

皮亚杰的发生认识论主要关注的是人类的认识问题，主要包括概念、记忆、推理、表象、注意、感觉、决策、人工智能、认知发展等内容。该理论认为，对任何一个人进行研究都可以从他的童年时期甚或是胚胎时期开始。因此，皮亚杰主要的研究重心是认知发展的机制和阶段性。皮亚杰建立了较为直观的心理模型用来模拟抽象的大脑活动过程，进一步加深了人类对自身的了解程度。

(2) 布鲁纳的发现学习理论

布鲁纳的发现学习理论认为学习的实质是主动形成认知结构的过程。认知结构指的是认知新事物的一种方式。布鲁纳认为学习过程包括知识的获得、知识的转化、知识的评价三部分，在学习的过程中，这三部分几乎同时发生。从本质上来看，学习新学科的过程就是学习新知识的过程，而这些知识的最终习得，必然经过知识的获得、知识的转化和知识的评价三部分。从这个角度来看，布鲁纳的发现学习理论是最值得考虑的学习方式。

在发现学习中，要时刻以学生为中心进行授课，教师充当的角色主要是引导者，而不是课堂的主角，要调动学生在学习过程中的积极性和主动参与性，从而培养学生自主分析问题和解决问题的能力。

3．合作学习理论

合作学习理论是由美国明尼苏达大学教授约翰逊(Johnson)等人提出，该理论认为，合作学习指的是小组成员通过合作来完成学习任务的一种学习方式。合作学习的理论基础是建构主义理论、认知发展理论和社会互赖理论。本小节对建构主义理论、认知发展理论和社会互赖理论进行初步的分析，旨在为现代英语的教学改革提供一定的借鉴。

(1) 建构主义学习理论

可以从两个层面对建构主义学习理论进行探讨。其一是主要观点。该理论认为：一是知识的获得需要学习者借助他人的帮助和参阅相关的学习资料。因此，在英语教学中，英语教师要为学习者营造合作的学习氛围；二是在英语学习中注重“情境”“会话”“协作”和“意义的建构”四项要素。其二是积极影响。现代英语的教学和学习在不同程度上都受到了建构主义学习理论的影响。在认识层面，建构主义学习理论以学生为中心，颠覆了原有教学模式中以教师为主体，学生处于被动接受知识的传统。在学习方式层面，建构主义学习理论鼓励不同学生之间、师生之间的互动和合作，即“互动式教学模式”，该模式是对传统教学模式“填鸭式”“灌输式”的否定，注重学生在学习过程中的积极参与。在学习内容层面，建构主义学习理论强调英语教学内容的趣味性，同时也要具有浓厚的生活气息。在测试内容和形式方面，由于受到建构主义学习理论的影响，现在高校的英语测试注重对学生交际能力的考核。

(2) 社会互赖学习理论

可以从两个层面对建构主义学习理论进行探讨。其一是主要观点。该理论的主要关注点是研究成员在具有竞争性和合作性的社会情景中如何行动、内心活动是怎样的、互动的结果如何。其二是对合作学习的启示。社会互赖理论对合作学习有重要的指导意义。合作学习主要包括积极互赖、责任到人、促进性互动、社交技能和小组反思五项重要的内容。为了达到最好的授课效果，教师要在进行教学设计之初，就充分考虑对这些要素的运用，促进学生之间和师生之间的合作和互动。

第二节　第一语言与第二语言的学习分析

教学与学习关系十分密切，没有学习就无教学，教学的成败与对学习了解的程度有直接的关系。外语教学成功的因素诸多，但其中之一就是外语教师对母语学习和外语学习的不同点进行过认真的研究和很好的了解。

第二语言学习与第一语言学习有着密切的关系，它们之间有不少共同点，但更多的是不同点。第二语言学习和母语学习存在着很大差异，那就是儿童在学习母语时，不受任何其他语言的干扰，因为他们没有学习第二种语言。而成年人学习第二语言时，情况就大不一样了，因为此时人们第一语言的整套习惯已经形成，其中一些第一语言学习的经验可以用于学习第二语言，但并不是所有的都可以直接拿过来用。在这些习惯中，有些与第二语言学习相类似，是有益的，被称为“正迁移”(positive transfer)，有些习惯则妨碍了人们正确地学习第二语言，即所谓的“负迁移”(negative transfer)或称“干扰”(interference)。这些干扰以及在第一语言中不存在的语言项目就构成了学习的困难，它们也是产生第二语言错误的根源。

一、环境不同

在竞争性很强的、有压力的学习环境中，是在母语环境中学习另一种语言，绝大多数的第二语言学习者仅在课堂上接触新语言。如中国人学英语大都从初中开始，他们每周除了几节英语课外，没有其他学习英语的环境。第一语言学习者随时随地都可以学习母语，并在实际中运用母语，他们是在真实的语言环境中学习语言。而第二语言学习者由于缺少使用语言的环境，只能模仿，结果到了真正运用的时候，有些知识往往是学非所用。

二、学习目的不同

第一语言学习者学习母语的主要目的是为了满足自己生活的需要，而第二语言学习者学习第二语言往往是为了某种特殊的目的，如当外语教师、做翻译、当导游、去国外学习进修或阅读外语资料等。

三、方法的不同

第一语言学习者是自然学习母语，儿童在学习第一语言时，是一种无意识的学习，他们并不做正规的语法训练，重点强调流利，即先流利，后语法。而第二语言学习者始终能意识到他们是在学习第二语言，因此，他们一般都是先学正规语法，并在掌握了一定语法规则的基础上，再开始听说，同时强调准确性，即先语法、后流利。儿童学习母语时，不怕出错；第二语言学习者学外语时，总怕出错。儿童学习的语言具有自然色彩、简单化和实用性特点，他们往往知其然但不知其所以然，并且不注意去感受语言道理，而是更多地吸收与实际生活相关联的话语。成年人学习第二语言时，大多接受具有一定形式的语言，故带有语法色彩和表达方式准确的特点。

四、语言迁移的不同

“语言迁移”指一个人在第一语言学习环境中获得的知识趋于向第二语言学习进行迁移。儿童在开始第一语言学习时，脑子里一片空白，没有任何外来语影响，只是纯粹模仿成人的语言，不存在什么语言迁移。而第二语言学习就不那么简单了，因为第二语言学习者开始学外语时大都已是青少年或成年人，他们已基本掌握了第一语言，于是，这已掌握的语言就时时在起作用，影响着第二语言学习，这种影响就是“语言迁移”的作用。迁移分为正向迁移和负向迁移。“正向迁移”是指对学习有利的语言习惯转移，在母语与第二语言有相同的形式时会出现这种情况，语言的正迁移可以帮助学习者学习语言。而语言的负迁移则在一定程度上干扰第二语言学习，如汉语中没有动词第三人称单数的变化，英语初学者就容易把“He works very hard.”说成“He work very hard.”还有人把“north，south，east，west”译成“北南东西”(正确的应该是“东南西北”)等，这些都是负迁移，这时的母语对第二语言的学习就起到了干扰作用。

五、其他方面的不同

第一语言和第二语言学习者年龄的不同必然会引起认知能力的差异和在情感、社会文化和生理等方面的不同。实验证明，儿童时期学第一语言的人与成年时期开始学第二语言的人相比，其大脑的生理构造是不一样的。第二语言学习如果是在熟练掌握了母语之后进行的话，其认知基础已发生了根本性的改变。在谈到第一语言学习和第二语言学习的不同点时，宁春岩(2000)总结出以下几点：

第一，第一语言学习是人脑从零态进入稳定态的过程，但是第二语言学习时，人脑不处于零态，而是处于初始态。

第二，第一语言学习中，父母讲的话是杂乱无章、未经过组织的语言材料，而第二语言学习中，特别是在外语课堂上，学生所接触的材料是经过教师组织、处理和安排的。

第三，儿童学习第一语言时听到的全都是“正确的句子”，没有“负证据”，也没有纠正错误的机会和必要，而第二语言学习时，特别是在外语课堂上，学生经常出错，教师必须为学生纠正错误才能使学生逐渐学会目的语。

第四，第一语言学习不依赖其他认知系统的认知活动，而第二语言学习则依赖其他认知系统的参与。

Bley Vroman(1989，见 Johnson，2004)描绘了成人第二语言学习和母语学习的不同特点。儿童母语学习与成人二语学习的主要不同在于第二语言学习者不能保证得到成功，而所有的儿童都能很好地掌握第一语言的特定领域模块。在掌握程度、学习过程和学习技巧上也存在很大差异。二语学习最后阶段的差异程度支持了 Bley Vroman 的观点。与儿童不同的是，成人学习者树立不同的目标以达到他们希望获得的语言水平。例如，一些成人学习者在达到初级语言水平时即感到满足，因为他们已可以在目标文化中游刃有余地进行交流；其他学习者则希望学习第二语言并用之阅读。而儿童的目标为自身的语言能力所限制。成人二语学习与儿童母语学习的不同还在于成人思想的僵化。成人学习者最终会达到某种稳定水平，但此时无论他们怎么努力都将无法超越这种水平，而即使高水平的成人学习者也不能像本族语者那样对句子的语法表现出相同的直觉。儿童不像成人学习者那样需要正式的语法课来学习母语，诸如性格、动机、态度和能力这些因素并不能影响儿童学习第一语言，但它们在二语学习中却发挥了重要作用。

由以上可以看出，第二语言学习与第一语言学习存在很大的差异。作为外语教育工作者，我们要善于了解二者的共同点和不同点，因为只有认真发现、分析和掌握了其异同，才能有针对性地采取措施帮助第二语言学习者学好第二语言，也才能有效地提高我国外语教学的水平。

第三节　我国英语教学的历史及发展

一、中华人民共和国成立以前

根据史料记载，我国正规的外语教学应该是从元朝开始的。鸦片战争以前，外国传教士就已在中国沿海岛屿开设了“为宣传基督教而学习英文与中文”的教会学校(mission school)。最早来华的基督教传教士——英国人马礼逊(Robert Morrison)，于1818年在马六甲开设了英华书院(Anglo-Chinese College)。1835年(马礼逊死后第一年)，广州、香港等地的传教士和商人组织了马礼逊教育协会，为中国儿童开设英文等课程。后来，清政府也开始重视外语教学，并在同治元年(1862年)专门成立了京师同文馆，用来培养专门的外语人才。起初，同文馆仅设英文馆，英国传教士包尔腾(J. S. Burdon)任第一任英文教师，后来又设立了其他不同的外语馆。甲午战争(1894年)后，光绪皇帝于1898年6月下令设立京师大学堂，后改为大学堂的译学馆，译学馆的教学以外国语文为主。1902年，清廷颁布了《钦定中学堂章程》(壬寅学制)，规定“今后府州所设学堂为中学堂”，其中外国文(英语)课时占总课时的1/4。1912年南京临时政府成立，9月，教育部公布了学制体系，1913年1月又做了补充修改，规定小学第二或第三年加设外语，中学4年，外国语为必修课。1933年，教育部公布了《中学规程》和《中学课程标准》，规定初高中学生各学3年英语，每周5课时。1936年，教育部公布了《修正中学课程标准》，规定初中3年英语，每周减少为4课时，高中仍为5课时。1940年，教育部公布了《修订初高中课程标准》，规定初中英语改为选修，高中为必修。1947年，教育部开始修订中学课程标准，1948年公布，规定初中一、二年级外语课每周3学时，初三4学时，高中3年每周5学时。

二、中华人民共和国成立以后

1949年10月1日以后，中国开始全方位向苏联学习，各行业都急需俄语人才，中学外语课几乎全部由俄语课代替，1952年还专门为中学生编写了初、高中俄语课本。直到1956年，西方语言教学才开始在国内有所发展，高中英语课的教学面有所扩大，高级中学英语教学大纲(草案)也于1956年颁发。1966年“文化大革命”爆发，在“文革”期间，英语被认为是帝国主义国家的语言，学习英语就是学习帝国主义，就是“崇洋媚外”，那时全国几乎完全放弃了英语教学与英语学习。1978年以后，中国教育开始拨乱反正，中学外语课得以恢复，外语课(以英语为主)成为与语文、数学并列的重要基础课。从此，我国的外语教学才重新走上了正常发展的轨道，人们才真正地认识到，高水平的外语教育同时也是提高整个中华民族科学文化水平的重要组成部分，是一个先进国家、先进民族所必须具备的条件之一。改革开放以后，基础英语教学得到了进一步的发展。

（一）教学大纲的变化

1．中小学英语教学大纲和课程标准的发展

为了加强我国的英语教学工作，特别是对基础英语教学的宏观管理与指导，中华人民共和国成立以来，国家教育部颁发过多部英语教学大纲和课程标准，它们是：

《普通中学英语科课程标准(草案)》，1951 年；

《高级中学英语教学大纲(草案)》，1956 年；

《初级中学英语教学大纲(草案)》，1957 年；

《全日制中学英语教学大纲(草案)》，1963 年；

《全日制十年制中小学英语教学大纲(试行草案)》，1978 年；《全日制十年制中小学英语教学大纲(试行草案)》，1980 年；

《全日制中学英语教学大纲》，1986 年；

《九年义务教育全日制初级中学英语教学大纲(初审稿)》，1988 年；

《全日制中学英语教学大纲(修订本)》，1990 年：

《九年义务教育全日制初级中学英语教学大纲(试用)》，1992 年；

《全日制高级中学英语教学大纲(初审稿)》，1993 年；

《全日制高级中学英语教学大纲(供实验用)》，1996 年；

《九年义务教育全日制初级中学英语教学大纲(试用修订版)》，2000 年；

《全日制高级中学英语教学大纲(实验修订版)》，2000 年；

《全日制义务教育普通高级中学英语课程标准(实验稿)》，2001 年；

《普通高级中学英语课程标准(实验)》，2003 年(以下简称《新课标》)。

中华人民共和国成立以后，虽然 1951 年有了英语课程标准草案，但事实上，

从1949年到1956年被称为俄语统治时期(Russian years)，当时俄语控制着我国整个外语教学。后来，随着中苏关系的破裂，英语才引起了政府的重视。但是，“文革”十年使英语教学几乎中断。改革开放以后，英语教学被提到了前所未有的重要地位，人们从来没有像今天这样重视英语。这些英语教学大纲和课程标准的颁布充分反映了我国基础英语教学发展的轨迹，这些文件对我国的英语教学起到了积极的促进作用。

2.《全日制义务教育普通高级中学英语课程标准(实验稿)》(2001)

《全日制义务教育普通高级中学英语课程标准(实验稿)》(2001)包括以下几个部分：第一部分“前言”；第二部分“课程目标”；第三部分“内容标准”(语言技能、语言知识、情感态度、学习策略和文化意识)；第四部分“实施建议”；文件最后有7个附录：语音项目表、语法项目表、功能意念项目表、话题项目表、技能教学参考表、课堂教学用语和词汇表。

本课程标准采用了国际上通用的分级目标体系，将基础教育阶段从小学至高中英语课的教学目标设计为9个级别：第二级为小学六年级结束时的要求；第五级为初中毕业时的要求；第七级是高中阶段必须达到的级别要求；第八级和第九级是为愿意进一步提高英语综合语言运用能力的高中学生设计的目标。这种全新思路的级别划分，既提出了明确的目标要求，又避免简单划一，具有鲜明的原则性与灵活性相结合的特征，而《新课标》(2003)只讨论了高中的4个等级(六级、七级、八级和九级)。

3.《普通高级中学英语课程标准(实验)》(2003)

《普通高级中学英语课程标准(实验)》(2003)共4部分，再加一个附录。第一部分“前言”，包括课程性质、基本理念和课程设计思路；第二部分“课程目标”；第三部分“内容标准”，包括语言技能、语言知识、情感态度、学习策略和文化意识；第四部分“实施建议”，包括教学建议、评价建议、课程资源的开发与利用，以及教材使用建议；“附录”部分包括语音项目表、语法项目表、功能意念项目表、话题项目表和词汇表。下面几节将分别讨论本课程标准的有关内容。

英语课程是普通高级中学的一门主要课程，它既有人文性又有工具性。人文性体现在它对促进个人人生和国家的发展具有重要意义。同时，它又能促进学生的情感发展、价值观的形成以及综合素质的提高。其工具性体现在通过学习英语，学生可以为学习国外先进的文化科学知识创造条件。英语课程的设置于是同提高整个民族的素质联系了起来，而强调英语课程的学习对促进对外交往和增强国力具有重要的意义。新的高中英语课程设计了必修课程和选修课程，必修课程是为高中毕业生所应达到的共同英语语言能力而设置的课程，包括 5 个模块：英语 1~英语 5，每个模块两个学分，学生完成 10 个学分后，就达到了高中毕业要求。必修课程的内容强调听、说、读、写综合技能以及学生用英语进行思维与表达能力的培养。选修课程分为两个不同的系列，即系列 I 和系列 II 课程。系列 I 课程为顺序选修课程，应在完成必修课程后按顺序选修，共 6 个模块：英语 6~英语 11，每个模块 2 个学分，每周 4 课时。系列 II 为任意选修课，任意选修课程又分为 3 类，即语言知识与技能类、语言应用类和欣赏类，各学校在现阶段从每类课程中选择开设 1~2 门课程，以后逐步增加。

那么，2003 年的《高中英语标准》与 2001 年版的《英语课程标准》有什么内在的联系呢？

2001 年 7 月出版的《英语课程标准》(实验稿)是按照小学三年级至高中三年级的整体思路设计的，但由于当时国家关于高中课程改革的整体思路尚未出台，因此，其高中部分的课程标准基本是按照与义务教育相衔接的分级目标的课程模式进行设计的。虽然在高中阶段体现了一定的灵活性和开放性，但是没有给予学生更多的选择性和个性发展的机会。因此，课程标准研制组后来根据教育部关于高中课程改革的整体思路重新对高中课程进行了设计，并力求体现基础性、时代性和选择性的原则；以学分制的方式设置必修课程和选修课程，同时又与英语语言的水平级别相联系，形成了新的高中课程的设置模式。高中英语课程的改革于是以新制定的《高中英语标准》为准。2001 年版的《英语课程标准》在修订后被改为《全日制义务教育英语课程标准》。

（二）教材的变化

1949年以来，我国的基础英语教材发生了重大变化，这些变化大致分为以下几个阶段：

第一个阶段：20世纪70年代以前(含70年代)，基础阶段英语教材很少，全国使用统一英语教材。英语教材全部由国内英语专家编写，其编写大纲主要受行为主义教学理论、语法翻译法和听说法的影响，强调学生书面语能力的提高。英语教材的内容大多是毛主席语录和关于政治的文章。

第二个阶段：20世纪80年代至90年代中期，全国使用统一英语教材。这些教材由国内外英语专家共同编写，其编写大纲主要受行为主义教学理论、语法翻译法和听说法的影响，强调学生书面语能力的提高，但开始注意培养学生的交际能力。英语教材的内容比较广泛，没有更多的政治口号。

第三个阶段：20世纪90年代中期至今，全国不再使用统一英语教材，多种版本的英语教材使学校和老师有了选择的空间，不同的地区可以采用不同的教材。英语教材以国外英语专家编写为主，并由国内英语专家参与共同编写，其编写大纲主要受社会文化教学理论和交际教学法的影响，强调学生全面语言能力的培养和提高。英语教材的内容丰富多彩，大多来自英语国家的原版材料，同时也有体现中国文化和特色的文章。

（三）高考的变化

“文革”以前，我国外语考试的语种主要是俄语，“文革”期间任何外语考试都没有。1977年恢复高考后，英语再次受到国家的重视，并迅速被列入高考科目，英语成绩也被计入高考总分，具体情况如下：1977年和1978年英语不计入高考总分；1979年英语占总成绩的10%；1980年，30%；1981年，50%；1982年，70%；1983年，100%。

在2000年以前，全国实行统一考试，所有考生使用统一试卷。但是，2000年教育部决定把上海作为高考自主命题的试点。之后，北京市于2002年首次进行自主命题，并编写了自己单独的考试大纲。广西壮族自治区 2002 年的专科考试试卷也自行命题。2004 年起，全国逐步实行高考“统一考试，分省命题”的新举措，共有上海、北京、天津、辽宁、江苏、浙江、福建、湖北、湖南、广东和重庆11个省市实施了分省命题，这是我国高考改革的一项重要举措。2005 年又增加了安徽、江西和山东；2006 年新增四川和陕西两个省，至此，实施自主命题的省、市达到了 16 个，考生人数约占全国考生总数的 2/3；2008 年新增海南和宁夏，目前全国自主命题的省、市、自治区共有 18 个。另外，考试内容也发生了重大变化，这些变化有积极的一面，如题型、内容都更科学和实用；同时，也有消极的一面，如有些省份为了省事，怕考试期间听力设备出现问题，于是在高考试卷中取消了英语听力考试部分，这毫无疑问是倒退的表现。无论如何，高考都应该设置英语听力考试，这是培养学生英语综合能力的具体措施和检查手段。

第四章　英语学习过程中存在的问题

第一节　学生在英语学习过程中的基本问题

本节主要就英语学习的心理类型、语言和言语的区别、语言技能和语言习惯以及影响英语学习的因素进行深入研究。

一、英语学习的心理类型

别利雅也夫认为，人们在学习外语知识时，普遍存在理性与逻辑型、直觉与感觉型两种基本心理类型。

理性与逻辑型的人在学习外语时，常常需要学习其理论性的语言和知识，认为要想学好外语，必须有理论性的知识做指导。他们学习语言慢而吃力，需要在学校内学习好几年，很少用外语思考，在运用语言时，既需要对课文进行语法分析，又要把它们译成母语。他们通过翻译来解释新词语、习语的意思，而且为了记住它们，去认真分析和多次重复，运用外语时，总是有意识地把母语转换为外语。这种类型的人以对语言知识的有意推理运用为特征，不能用外语思维自由地思考。

直觉与感觉型的人主要通过实践来学习外语，他们认为理论知识对于学习外语并不起决定作用。他们能快速学习外语，觉得深入分析课文的语法或将其翻译成母语，是没有必要的。在语言运用时，他们仅仅用猜测的方式，就能准确掌握新词的意思，几乎集中全部精力于内容的意义上。这种类型的人能完全地随心所欲地用外语思考，外语与思想是直接相关联的。

实际上，学习者的性格因素与英语学习有关系。为了提高英语教学效果，英语老师需要在把握学生性格特点的前提下，帮助其调整学习心态、养成良好的学习习惯。例如，要加强内向型学习者自身的心理健康训练，而且要从简单的学习内容入手，制订循序渐进的学习教学计划，培养其对课程学习的兴趣；对外向型学习者，要帮他们养成深思好学的习惯，引导他们在遇到困难时，多问几个为什么，出现错误要及时改正。

二、语言和言语的区别

关于语言和言语的区别，主要有以下几种观点。

（一）第一种观点

贾冠杰认为，在心理学中，与语言教学有重要关系的是语言与言语的内在关系问题。

心理学家认为，语言和言语不同。语言是交际的工具，而言语是用语言作为工具进行交际活动的过程，是一种社会现象，是表情达意的符号系统，是指某民族的交际系统。

心理学家主要对人们的言语行为感兴趣。也就是说，在心理方面，他们对个体怎样运用语言这个问题感兴趣。

语言可以分为古代语言和现代语言，罗曼语和日耳曼语等。言语分为口头语言和书面语言，交流语言和文学语言，外部语言和内部语言等。

（二）第二种观点

语言是一个人表述能力的重要部分。语言包括言语，言语是语言的一部分。

就大脑来说，语言分“脑语”和“嘴语”。脑语就是我们时时在大脑里产生，称作“思考”或“思想”或“思维”的东西，“脑语”被嘴表达出来就叫“嘴语”。

“脑语”和“嘴语”并不是一个东西，第一，“嘴语”不是“脑语”的唯一表达方式，因为“脑语”还可以通过肌肉群来表达；第二，“脑语”和“嘴语”在表达时失真。

言语是用嘴说出来的，而语言不单是用嘴说的。简单来说，言语即“说”，语言即“话”。

（三）第三种观点

晨蕾认为语言和言语之间既有联系，又有区别。

1．话言和言语的联系

语言和言语是静态和动态的联系，概括和具体的联系，系统和形式(现象)的联系。语言本身不能被听到，也不能被看到，它存在于人们的言语中；日常生活工作中，人们听到、看到的都是言语。总之，语言源于言语，语言不被运用，就不会有生命力。

人们要想认识、学会语言，必须通过言语。从言语入手，以言语为对象，人们才能研究、学习、讲授语言。语言对言语有着强制性的规范作用，言语依赖于语言。人们要想交流，必须达成语言的共识。每个人说话可以是千差万别的，但是每个人都必须遵守共同的规则，否则人们就无法交际。

2．语言和言语的区别

语言是全民的、概括的、有限的、静态的系统(知识)；言语是个人的、具体的、无限的、动态的现象(话语)。

(1) 语言是抽象的，言语是具体的

语言排除了一切个体差异，是对同一集团所有人所说的话的抽象。言语是运用语言的过程和结果，是具体的。语言学家只能对大量的言语素材进行抽象概括，才会从中发现语言的各种单位和规则。

(2) 语言是静态的，言语是动态的

语言活动得以进行的前提和基础是语言的规则不能经常变动，必须是现存的、约定的，在一定时期内处于静止状态。这种静止是相对的，静中有动，随着社会的变化，语言会出现适应性变化。言语活动总是在说话人和听话人之间展开，从说到听是一个动态的过程：听话人通过语言来接收信息，其间经历了编码、发送、传递、接收、解码几个连续衔接的过程。

(3) 语言具有全民性，言语具有个人性

对社会成员来说，作为相对完整的抽象符号系统，语言是全民的，存在于全体社会成员之中的。言语是个人对语言形式和规则的具体运用，每个人说话都带有许多个人的特点，非常具有个人性。

(4) 语言是有限的，言语是无限的

利用有限的符号及其规则说出无限的话来，这是言语活动的特点。言语就是说话，是一种行为动作及其结果，一个人一生中究竟要说多少话，要写多少东西，这是无法计算的。任何一种语言的句子是无限的，每个人根据交际需要说出的话语的内容是纷繁芜杂、各种各样的。但是，就某一语言而言，词的数量和构词规则是有限的，组词造句的规则也是有限的。

不难看出，语言是一个有限语言单位的集合，它们按照一定规则组织成音义结合的词汇系统和语法系统，人们的一切言语活动在这个系统中运行。而在具体的言语活动中，作为一个行为过程，人们所能说出的话语是无限的，每句话语的长短在理论上也应该是无限的，任何一句话都可以追加成分而使它变得更长。

（四）第四种观点

索绪尔认为：言语是言语活动中受个人意志支配的部分，它带有个人发音、用词、造句的特点；作为言语活动中的社会部分，语言是一种社会心理现象，是社会成员共有的，不受个人意志的支配；语言不是固定不变的，它始终发展、变化，因为语言符号本身的形式及其所代表事物的符号，随时处于变化发展之中；语言有内部要素和外部要素，语言研究可以分为研究语言与民族、文化、地理、历史等关系的外部语言学，以及研究语言本身结构系统的内部语言学；语言具有极大的持续性，说话者只能被动地接受。

(五) 第五种观点

言语是人们在交际和活动中应用语言的过程和产物。语言包括语音系统、词汇系统、语法系统，是一种符号系统，是人类重要的交际工具，也是正常人赖以思维的工具。语言具有结构性、社会性、个体性、指代性、创造性等基本特征。两者之间的关系见表 4-1。

表 4-1 言语和语言之间的关系

关系	简介
联系	语言离不开言语，任何一种语言都必须通过人们的言语活动才能发挥其交际工具的作用；言语不可能离开语言而存在，离开语言，人就无法表达自己的思想或意见，也就无法进行交际活动
区别	语言是社会生活的客观现象，有一定规则性；同时，语言的语音系统、词汇系统和语法系统是全体社会成员在言语交际中抽象概括出来的，一经产生就有较大的稳定性，随社会的发展而发展
	研究语言的科学是语言学习成绩，而言语活动是心理学的研究对象
	语言是人类重要的交际工具，也是正常人赖以进行思维的工具，它是一种符号系统，它包括语音系统、词汇系统、语法系统
	语言是人们用来交际和思维的工具，言语是运用这一工具进行交际活动的行为表现

(六) 第六种观点

存在于言语中的语言，是从言语中概括出来的，对言语有较强的规范、约束作用，为了使言语被别人们理解，得到社会的认可，顺利完成交际任务，个人的言语必须符合社会约定俗成的语言规则。它们之间的区别是：语言相对稳定，具有“约定俗成”的社会性；言语受客观制约，具有能产性，随着社会的发展和人们不断的言语实践，处在不断的运动发展之中；作为社会约定俗成的工具，语言是具有社会性的工具，言语具有鲜明的个人特色，是个人运用工具的过程和结果。

(七) 第七种观点

语音成分、构词规则等语言系统的结构成分是有限的，然而在具体的言语行为过程中，人们所说的话是无限的。语言是个系统，是言语活动中社会成员约定俗成共同使用的部分，是社会共有的交际工具；言语是人们运用这个工具的过程和结果，除了具有社会因素，还具有个人因素。语言系统是社会共有的交际工具，因而是稳固的，具有相对的静止状态。言语是人们运用语言这种工具进行交际的过程和结果，是自由结合的，具有相对的运动状态。

简单地说，语言是言语活动中同一社会群体共同掌握的、有规律可循而又成系统的那一部分。语言是一个抽象的实体，是从语言实践(speech practice)中抽象出来的全社会约定俗成的均质系统，而在抽象的过程中，就必须把所有的个人要素或个人杂质全排除出去，但言语是很难找到规律的。

(八) 第八种观点

语言体现在言语之中，它们之间是一般与个别的关系。语言是社会现象，言语是个人现象。语言是一种民族语言的词汇系统与语法系统的总和，汉语、英语、日语、德语、西班牙语都是语言；言语是对语言的运用，它既指运用语言的行为，又指运用语言所产生的结果，即说出来的话语。

从以上观点可以看出，语言和言语之间既有区别又有联系，对两者之间关系的研究，可以帮助我们了解语言教学的过程，还可以帮助我们正确地组织教学。学校的语言教学包括两方面：学生一方面学习这门外语；另一方面学会用这种语言讲话。要求学生首先必须掌握他所学习语言的理论知识，其次才是实际的言语习惯和技能。

三、语言技能及其与语言知识的关系

语言是人类分布最广泛、最平均的一种能力。在人的各种智力中，语言智力被列为第一种智力。我们生活在一个有声的语言世界中，语言能力是每个人一生中极为重要的生存能力，语言交流的水平高低就是语商能力的高低。事实表明：

语言在人的一生都占据着重要地位，是人们发展智力和社交能力的核心因素。

在现代社会，由于经济迅猛发展，人们之间的交往日益频繁，语言技能的重要性也日益增强，它是提高素质、开发潜力的主要途径，是驾驭人生、改造生活、追求事业成功的无价之宝，是通往成功之路的必要途径。

语言技能包括听、说、读、写四个方面的技能以及这四种技能的综合运用能力；基础知识包括语音、词汇、语法。

（一）英语语言各级技能标准

英语语言各级技能标准见表 4-2 至表 4-10。

表 4-2　语言技能一级目标

技能	目标描述
听做	1.能根据听到的词语识别或指认图片或实物； 2.能听懂课堂简短的指令并做出相应的反应； 3.能根据指令做事情，如：指图片、涂颜色、画图、做动作、做手工等； 4.能在图片和动作的提示下听懂简单的小故事并做出反应。
说唱	1.能根据录音模仿说英语； 2.能相互致以简单的问候； 3.能相互交流简单的个人信息，如姓名、年龄等； 4.能表达简单的情感和感觉，如喜欢和不喜欢； 5.能够根据表演猜测意思、说词语； 6.能唱英语儿童歌曲 15~20 首，说歌谣 15~20 首； 7.能根据图、文说出单词或短句。
玩演	1.能用英语做游戏并在游戏中用英语进行简单的交际； 2.能做简单的角色表演； 3.能表演英文歌曲及简单的童话剧，如《小红帽》等。
读写	1.能看图识字； 2.能在指认物体的前提下认读所学词语； 3.能在图片的帮助下读懂简单的小故事； 4.能正确书写字母和单词。
视听	1.能看懂语言简单的英语动画片或程度相当的教学节目； 2.视听时间每学年不少于 10 小时(平均每周 20~25 分钟)。

表 4-3　语言技能二级目标

技能	目标描述
听	1.能在图片、图像、手势的帮助下，听懂简单的话语或录音材料； 2.能听懂简单的配图小故事； 3.能听懂课堂活动中简单的提问； 4.能听懂常用指令和要求并做出适当反应。
说	1.能在口头表达中做到发音清楚、语调达意； 2.能就所熟悉的个人和家庭情况进行简短对话； 3.能运用一些最常用的日常套语(如问候、告别、致谢、致歉等)； 4.能在教师的帮助下讲述简单的小故事。
读	1.能认读所学词语； 2.能根据拼读的规律，读出简单的单词； 3.能读懂教材中简短的要求或指令； 4.能看懂贺卡等所表达的简单信息； 5.能借助图片读懂简单的故事或小短文，并养成按意群阅读的习惯； 6.能正确朗读所学故事或短文。
写	1.能模仿范例写句子； 2.能写出简单的问候语； 3.能根据要求为图片、实物等写出简短的标题或描述； 4.能基本正确地使用大小写字母和标点符号。
玩演视听	1.能按要求用简单的英语做游戏； 2.能在教师的帮助下表演小故事或童话剧； 3.能表演歌谣或简单的诗歌 30~40 首(含一级要求)； 4.能演唱英文歌曲 30~40 首(含一级要求)； 5.能看懂英文动画片和程度相当的英语教学节目，每学年不少于 10 小时(平均每周不少于 25 分钟)。

表 4-4　语言技能三级目标

技能	目标描述
听	1.能识别不同句式的语调，如：陈述句、疑问句和指令等； 2.能根据语调变化，判断句子意义的变化； 3.能辨认歌谣中的韵律； 4.能识别语段中句子间的联系； 5.能听懂学习活动中连续的指令和问题，并做出适当反应； 6.能听懂有关熟悉话题的语段； 7.能借助提示听懂教师讲述的故事。

续表

技能	目标描述
说	1.能在课堂活动中用简短的英语进行交际； 2.能就熟悉的话题进行简单的交流； 3.能在教师的指导下参与简单的游戏和角色扮演活动； 4.能利用所给提示(如图片、幻灯片、实物、文字等)简单描述一件事情； 5.能提供有关个人情况和个人经历的信息； 6.能讲述简单的小故事； 7.能背诵一定数量的英语小诗或歌谣，能唱一些英语歌曲； 8.能在上述口语活动中语音、语调基本正确。
读	1.能正确朗读课文； 2.能理解简短的书面指令，并根据要求进行学习活动； 3.能读懂简单故事和短文并抓住大意； 4.能初步使用简单的工具书； 5.除教材外，课外阅读量达到 4 万字以上。
写	1.能正确使用常用的标点符号； 2.能使用简单的图表和海报等形式传达信息； 3.能参照范例写出或回复简单的问候卡和邀请卡； 4.能用短语或句子描述系列图片，编写简单的故事。

表 4-5　语言技能四级目标

技能	目标描述
听	1.能听懂接近正常语速、熟悉话题的语段，识别主题，获取主要信息； 2.能听懂简单故事的情节发展，理解其中主要人物和事件； 3.能根据连续的指令完成任务； 4.能听懂广播、电视中初级英语教学节目。
说	1.能根据提示给出连贯的简单指令； 2.能引出话题并进行几个回合的交谈； 3.能在教师的帮助下或根据图片用简单的语言描述自己或他人的经历； 4.能在教师的指导下参与角色扮演等活动； 5.能在上述口语活动中使用正确的语音、语调。
读	1.能连贯、流畅地朗读课文； 2.读懂说明文等应用文体的材料； 3.从简单的文章中找出有关信息，理解大意； 4.根据上下文猜测生词的意思； 5.理解并解释图表提供的信息； 6.理解简易读物中的事件发生顺序和人物行为； 7.读懂简单的个人信件； 8.使用英汉词典等工具书帮助阅读理解； 9.除教材外，课外阅读量应累计达到 10 万字以上。
写	1.能正确使用标点符号； 2.能用词组或简单句为自己创作的图片写出说明； 3.能写出简短的文段，如简单的指令、规则； 4.能在教师的帮助下或以小组讨论的方式起草和修改作文。

表 4-6 语言技能五级目标

技能	目标描述
听	1.能根据语调和重音理解说话者的意图； 2.能听懂有关熟悉话题的谈话，并能从中提取信息和观点； 3.能借助语境克服生词障碍，理解大意； 4.能听懂接近正常语速的故事和记叙文。理解故事的因果关系； 5.能在听的过程中用适当方式做出反应； 6.能针对所听语段的内容记录简单信息。
说	1.能就简单的话题提供信息，表达简单的观点和意见，参与讨论； 2.能与他人沟通信息，合作完成任务； 3.能在口头表达中进行适当的自我修正； 4.能有效地询问信息和请求帮助； 5.能根据话题进行情景对话； 6.能用英语表演短剧； 7.能在以上口语活动中语音、语调自然，语气恰当。
读	1.能根据上下文和构词法推断、理解生词的含义； 2.能理解段落中各句子之间的逻辑关系； 3.能找出文章中的主题，理解故事的情节，预测故事情节的发展和可能的结局； 4.能读懂常见体裁的阅读材料； 5.能根据不同的阅读目的运用简单的阅读策略获取信息； 6.能利用字典等工具书进行学习； 7.除教材外，课外阅读量应累计达到 15 万字以上。
写	1.能根据写作要求，收集、准备素材； 2.能独立起草短文、短信等，并在教师的指导下进行修改； 3.能使用常见的连接词表示顺序和逻辑关系； 4.能简单描述人物或事件； 5.能根据所给图示或表格写出简单的段落或操作说明。

表 4-7 语言技能六级目标

技能	目标描述
听	1.能抓住所听语段中的关键词，理解句子之间的逻辑关系； 2.能从听力材料、简单演讲或讨论中提取信息和观点； 3.能听懂正常语速的故事或记叙文，了解其中主要人物和事件以及他们之间的关系； 4.能听懂日常的要求和指令，并能根据要求和指令完成任务。

续表

技能	目标描述
说	1.能传递信息并就熟悉的话题表达看法； 2.能通过重复、举例、解释等方式澄清意思； 3.能有条理地描述个人体验和表达个人的见解和想象； 4.能用恰当方式在特定场合中表达态度(attitude)和意愿； 5.能使用恰当的语调、语气和节奏表达自己的意图。
读	1.能从一般文字资料中获取主要信息和观点； 2.能利用上下文和句子结构猜测词义； 3.能根据上下文线索推理、预测故事情节的发展； 4.能根据阅读目的确定不同的阅读策略； 5.能通过不同信息渠道查找所需信息； 6.除教材外，课外阅读量应累计达到 20 万字以上。
写	1.能用恰当的格式写便条和简单的信函； 2.能描述简单的人物或事件，并表达自己的见解； 3.能以小组为单位把课文改编成短剧； 4.能用恰当的语言书写不同的问候卡； 5.能给朋友、笔友写信，交流信息和情感。

表 4-8　语言技能七级目标

技能	目标描述
听	1.能识别语段中的重要信息并进行简单的推断； 2.能根据所听的内容做笔记； 3.能根据话语中的线索把相关事实和信息联系起来； 4.能听懂故事中对人和物的描写、情节的发展和结果。
说	1.能用英语进行语言实践活动； 2.能根据命题，稍做准备后，做简短的发言； 3.能针对问题提出解决问题的建议和办法； 4.能就一般话题做口头陈述； 5.能对询问和要求做出恰当的反应。
读	1.能从文章中获取主要信息并能摘录要点； 2.能理解文章主旨、作者意图； 3.能提取、筛选和重新组织简单文章中的信息； 4.能利用上下文的线索帮助理解； 5.能理解和欣赏一些浅显的经典英语诗歌； 6.除教材外，课外阅读量应累计达到 30 万字以上。

续表

技能	目标描述
写	1.能用文字及图表提供信息并进行简单描述； 2.能写出常见体裁的短文，如报告或信函； 3.能描述人物或事件，并表达自己的见解； 4.能填写有关个人情况的表格，如申请表、求职表； 5.能做简单的书面翻译。

表 4-9　语言技能八级目标

技能	目标描述
听	1.能识别不同语气所表达的不同态度； 2.能听懂有关熟悉话题的讨论和谈话并记住要点； 3.能抓住简单语段中的观点； 4.能基本听懂广播、电视英语新闻的主题或大意； 5.能听懂委婉的建议、劝告等。
说	1.能使用恰当的语调和节奏； 2.能根据学习任务进行商讨和制订计划； 3.能报告实验和调查研究的过程和结果； 4.能经过准备就一般话题做 3 分钟演讲； 5.能在日常人际交往中有效地使用语言进行表达，如发表意见、进行判断、责备、投诉等； 6.能做一般的生活翻译，如带外宾购物、游览等。
读	1.能理解阅读材料中不同的观点和态度； 2.能识别不同文体的特征； 3.能通过分析句子结构理解难句和长句； 4.能在教师的帮助下欣赏浅显的文学作品； 5.能根据学习任务的需要从电子读物或网络中获取信息并进行加工处理； 6.除教材外，课外阅读量应累计达到 36 万字以上。
写	1.能写出连贯且结构完整的短文，叙述事情或表达观点和态度； 2.能根据课文写摘要； 3.能在写作中做到文体规范、语句通顺； 4.能根据文字及图表提供的信息写短文或报告。

表 4-10　语言技能九级目标

技能	目标描述
听	1.能听懂有关熟悉话题的演讲、讨论、辩论和报告； 2.能听懂国内外一般的英语新闻广播及天气预报； 3.能抓住较长发言的内容要点，理解讲话人的观点及目的； 4.能从言谈中判断对方的态度(attitude)、喜恶、立场； 5.能理解一般的幽默； 6.能在听的过程中克服一般性的噪音干扰。
说	1.能就国内外普遍关心的问题如环保、人口、和平与发展等用英语交谈，表明自己的态度(attitude)和观点； 2.能把握交谈时的分寸，会用客套语，会提出问题.会结束谈话； 3.能经过准备就一些专题做 5~10 分钟演讲并回答有关提问； 4.能用英语接受面试； 5.能做一般性口头翻译； 6.能在交际中恰当地表达自己的情感； 7.能对交际中产生的误会加以澄清或解释。
读	1.能阅读一般的英文报纸杂志，获取主要信息； 2.阅读一般英文原著，抓住主要情节，了解主要人物； 3.能读懂各种商品的说明书等非专业技术性的资料； 4.能根据情景及上下文猜测不熟悉的语言现象； 5.能使用多种参考资料和工具书解决较复杂的语言疑难； 6.有广泛的阅读兴趣及良好的阅读习惯； 7.能有效地利用网络等媒体获取和处理信息。
写	1.能用英文书写摘要、报告、通知、公务信函等； 2.能比较详细和生动地用英语描述情景、态度(attitude)或感情； 3.能阐述自己的观点，评述他人的观点，文体恰当、用词准确； 4.能在写作中恰当地处理引用的资料及他人的原话； 5.能填写各种表格，写个人简历和申请书，用语基本正确、得当； 6.能做非专业性的笔头翻译； 7.在以上写作过程中做到文字通顺，格式正确。

(二) 英语语言技能与语言知识之间的关系

英语学科教学中的语言技能与语言知识之间的关系问题，既是一个外语教育的理论问题，也是一个外语教育的实践问题。它直接关系到英语教学如何实施。我们只有在坚持科学的语言哲学观的前提下，在科学的话语系统内理性对话，才能正确回答这个问题。

两者之间的关系是：语言技能属于语言实践行为，是第一位的，是语言知识产生和发展的前提；语言知识规范和监察语言的运用，是对语言运用的理性认识，是第二位的，是对语言实践规律的高度概括与抽象。

只有正确理解和处理两者之间的关系，才能科学地进行英语教学，促进学生的发展，取得较好的教学效果。

四、影响英语学习的因素

英语学习过程非常复杂，影响因素众多。这些因素所起的作用直接影响着学习者的英语学习成绩。英语教育工作者要意识到这些差异与英语学习的关系，并要注意英语教学的策略，尽到英语教育工作者应尽的责任，并和学生家长结合起来，因材施教，适应差异，搞好英语教育教学工作。

(一) 学习态度

个人的学习态度会对英语学习效果产生非常大的影响：积极的态度激励语言学习，消极的态度阻碍语言学习；学习态度直接影响个人学习的投入程度，消极被动的学习者，其学习投入程度较低，参与学习的积极性较小，心理压力较大，学习效果较差；在课堂上，如果师生能够相互尊重与坦诚交流，就能建立新型的师生关系，师生之间的心理距离较小，学生学得生动活泼，学习效率就能大幅提高；积极的学习态度能增强学生的抗挫力，有效提高学习效率。

个人的学习态度包括对语言教师的态度、对语言文化的态度、对学习成就的态度等。英语学习的影响因素都有可能成为态度的对象。

1．对语言教师的态度

学生对待语言教师在态度上的不认同乃至消极的态度，都会影响语言的学习。学生不喜欢的教师，大都没有爱心，上课时没有激情、照本宣科，与学生之间没有较好的互动，行事简单、粗暴，口语不好，口音极重等。学生喜欢的教师，大都品行端正，待人友善，讲课生动、活泼，无不良嗜好，能够与学生保持良好的互动等。

教师素质是学科建设发展的关键，也是英语教学改革成功与否的关键。因此，教师要充分分析学习者的态度问题，创造一个“积极的亲近目标语的态度”氛围，这是对教师积极态度的基础条件和现实前提。一方面，在为人师表层面，教师要转变对学生的态度，对每一个学生都要平等、尊重，争取成为学生的良师益友；另一方面，要继续加强培训和培养英语教师，以促进教师不断提高教学方法与学术水平，从而积极地影响学习者正确调整学习态度。

2．对语言文化的态度

学习者的学习动力很大程度上受到对第二语言本族人的态度的影响。如果学习者持肯定态度，会有很大的学习动力，也会取得较好的学习成绩。

3．对学习成就的态度

实际上，如果能从学习成就或学习进步中获得满足，一个学习者就能提高自己的学习信心。如果学生自我效能感较差，即对学习目标没信心，自我认同度不高，不满意自己的学习方法，不满意自己的学习成绩，对学习效果缺乏自信或预期定位不准，就会直接影响学习动机。

(二) 语言学能

1981 年，Carroll 把学能定义为“完成某项学习任务的能力”，其认为语言学能分为语法敏感性、死记硬背能力、语音译码能力、语言归纳能力四个方面。实际上，语言学能明显与语言学习效果正相关，即一个人的语言学能越高，他取得的学习成绩就会越好。

(三) 学习方式

学习方式对学习结果有着决定性的影响，是教学过程的基本变量，是一个组合概念，是学生在合作性、探究性和自主性的基本特征，反映学生完成认知任务的思维水平。要想全面提高学生素质，就要帮助其找到合适的学习方式，以深层次的认知和积极的情感体验参与学习。学生可以采用表 4-11 所示的学习方式，发挥主体作用、提高自身能力。

表 4-11　英语学习方式

学习方式	简介
自主式	以培养学生独立能力为出发点，让学生在内在学习动机的需求下进行学习，给学生足够自主的空间、足够活动的机会。使用自主式学习方式，学习更加积极主动，兴趣自然得到提高。
体验式	通过实践来认识周围的事物。使用体验式学习方式，教师只要适当引导，学生在就不会感到枯燥，还会把各种感官都应用到学习过程中来，这样可以保证具有各种记忆和思维类型的学生都能积极地感知教材，使学生自然进入角色。
探究式	指在教学过程中创设一种类似科学研究的情境或途径，让学生通过主动的探索、发现和体验，学会对大量的信息进行收集、分析、判断，从而增进思考力和创造力。

续表

学习方式	简介
网络式	即通过网络技术进行学习，有助于拓展学生的学习视野；构建丰富的、反思性的学习情境，为学生的自由探索创造更多的机会；实现学习资源的合理整合，为学生的学习提供丰富的选择余地，增强学习的主体性；有助于模拟现实中难以实现的实验，培养学生实际操作的能力。
合作式	互助学习的一种，目的是培养学生的合作意识和团队精神。它能有效转化和消除过度的学习压力，有助于引导学生在学习中进行积极的沟通，形成学习的责任感，培养合作的精神和相互支持、配合的良好品质。
实践式	实践活动既是认识的源泉，又是思维发展的基础，学生学习知识的获取、学习技能的培养、学习素质的提高，无不是在实践中得以实现的。使用实践式学习方式，学生能够将书本上他人的认识成果转化为自己的东西，转化为理解的和能够运用的东西。

（四）学习动机

英语学习动机是人类行为学习的动机之一，是内部直接推动英语学习的动因，是学习者学习英语的积极性与自觉能动性的心理状态之一。每个学习者的学习动机、动机强度不尽相同，他们对英语学习成败的归因也不尽相同。

英语学习动机是一种广泛的社会性动机。学习英语时，有动机的学生，能够取得较好的学习效果。不同的社会和教育对英语学习者的学习要求不同，反映在英语学习者头脑中的英语学习动机也不同。

英语教师在教学过程中，应针对不同英语学习动机的类型，适应差异，因材施教，摸索合适的教学方法。分步学习便是程序化教学的反对者所用的主要方法，学习者都能用同一个教程，但速度不同。另有一些使教学多样化的方法，是让学生选择自己的阅读写作作业和不同类型的阅读练习，要求学生做概括或详尽的回答。

（五）人格因素

Ellis 将人格分为外向或内向、冒险性、模糊含义的宽容性、移情、自信和抑制六个方面。

外向和内向是反映人格特征最重要的方面。在英语学习中，外向型学习者通常不怕出错、积极参与，口语能力、语言交际能力较强。其实，内向型学习者成绩不一定不好，外向型学习者成绩也不一定突出。英语学习优秀者既有外向型也有内向型，究竟哪种人格类型更适合学习英语，至今尚无定论。

第二节　学生在英语学习过程中的内部阻碍

本节主要从高校学生的英语学习态度和高校学生英语学习的心理动机两个方面研究高校学生英语学习中的内部阻碍。

一、高校学生的英语学习态度

语言态度可以表明人们对于操这种语言的人的看法和热爱程度，指的是不同语言或语言变体的说话者，对自己的语言或他人的语言所持有的看法与观点，很明显，对语言表示的消极或积极能够反映出人们学习的难易性、语言品位等。

实质上，语言学界所研究的态度指的是语言学习态度。学习态度是个人对学习所有的一种内在的心理准备状态，一般指其学习时表现出来的消极、否定的或者积极、肯定的等比较稳定的心理倾向。学习态度一旦形成，在特定时间内会保持稳定的倾向。

由表 4-12 可以看出，高校学生的学习主要有以下两个特点：学习没有计划性，盲目学习；学习缺乏自觉性和自控能力。

表 4-12　对英语学习情况的调查统计(%)

题号	单选题	A.肯定	B.有时	C.否定
1	你在学习中对所学的内容注重记忆吗	28%	43%	29%
2	你认为自己的英语基础好吗	29%	38%	33%
3	你经常阅读英语参考书和课外读物吗	20%	38%	42%
4	你经常参加英语协会组织的活动吗	5%	50%	45%
5	你对学英语的兴趣是	A.很大 40%	B.一般 52%	C.无兴趣 8%
6	你英语学习的过程是	A.能较好地自我管理和主动学习，不受他人或环境的影响 55%	B.在教师、辅导员的要求和督促管理下才能较好地学习 19%	C.控制不住自己，容易受他人和环境的影响 26%
7	你的学习紧张程度是	A.很紧张 15%	B.一般 78%	C.不紧张(其他) 7%
8	你完成英语作业的情况是	A.及时完成 65%	B.有拖拉现象 28%	C.不会、不做(其他) 7%
9	你对英语课时满意吗	A.满意 26%	B.应增加一些 60%	C.不满意 4%
10	你对英语成绩满意吗	A.想再提高 53%	B.满意 22%	C.不满意 25%

高校学生的英语学习在认识过程、情感过程和意志过程，即知、情、意三个

方面都存在着一定的问题，主要表现为表 4-13 所示 13 种心理态度。

表 4-13 高校学生的英语学习态度

态度	简介
浮躁	没有养成良好的学习习惯，缺乏刻苦学习精神，学习浮躁，只知毛皮，便不求进取。
矛盾	曾下决心要努力学习，由于短期内没有达到预期效果，便丧失继续进取的信心，形成了想学好又怕吃苦的矛盾心理。
迟钝	思维迟钝，接受新知识缓慢，学习方法死板，力不从心，被动应付，每天都被教师牵着鼻子艰难行走，结果仍是收效甚微。
害羞	遇到问题羞于向老师提问；在英语口语交际中怕读错、怕说错，因而不愿意开口。
功利	只追求通过考试取得证书，学习处于被动状态，是迫不得已。在这种功利心理支配下，学生一旦通过考试，就没有继续学习英语的愿望，而经过两三次考级失败的高职生，则会认为再怎么学英语也无法通过，因而也放弃了努力。
畏难	缺乏刻苦攻读、认真钻研的精神，遇到困难或受挫，便会夸大难度，贬低自己克服困难的能力，萌发放弃学习英语的念头，丧失了学习英语的信心。
应付	存在“当一天和尚撞一天钟”的应付依赖心理，没有形成良好的英语学习习惯，平时不完成作业或抄袭他人作业，考试之前搞突击，甚至设法作弊。
自卑	英语学习中的自卑心理一般表现为对自己学习能力的怀疑和否定，直接影响了学习动机和意志，产生畏缩不前、消极被动的心理，他过多注意自己的弱点，总认为自己不能学好英语，缺乏学好英语的信心。
焦虑	英语学习焦虑是指人们在学习和使用第二语言中常有的紧张、担忧、害怕等情绪体验和担忧的状态。适度的焦虑有助于激发学习者的动机，取得良好的学习效果。焦虑水平过高会使人过度紧张、担心，从而极大地束缚人的认知能力；过低又会使对学习持无所谓态度，缺乏学习热情和责任心。

续表

态度	简介
逆反	教师对学生缺乏必要的了解和关心，不尊重学生自尊心，或者由于教师不能公正地处理某些事造成学生的心理创伤，使他们对老师恐惧、厌恶，在此基础上产生反抗心理和反抗行为，进而对英语学习产生“反感”。
厌学	这类学生大都缺乏学习主动性，意志不坚强，懒惰散漫，自暴自弃。由于英语基础较差，而老师和家长又没有及时给予他们劝慰和鼓励，反而施加更大压力，在英语上得不到成功感，于是便讨厌学英语。
骄傲	英语学习伊始，由于知识比较简单，学习兴趣浓厚，成绩比较好，容易得到老师的表扬，产生骄傲轻视的心理。随着知识难度不断加大，成绩不大理想，得不到老师的表扬时，有“失宠”之感，就失去了学习兴趣。
内敛	性格内向、孤僻，不善言辞，虽然情绪比较稳定，学习比较刻苦，但不愿开口说，听力和口语成绩不佳，影响了英语综合素质的提高。

二、高校学生英语学习的心理动机

英语学习动机是直接推动英语学习的内部动因，表现为学习英语的求知欲与愿望。学生的学习动机由学习需要、学习习惯、学习态度等各种心理动力因素构成的完整的动力系统。概括地说，学习的内在需要和外在诱因是构成学习动机的基本要素。学习动机具有启动、维持学习活动的功能，指向学习目的的功能，调节、强化学习行为的功能。

英语学习动机从社会语言学的角度分为融入型动机和工具型动机，从起作用因素的角度分为外在动机与内在动机，从动力作用强度的角度分为辅助性动机与主导性动机，从与学习活动本身有无直接联系的角度分为远景性动机和近景性动机，见表 4-14。

表 4-14 融入型动机和工具型动机

动机	简介
融入型动机	指个人学习外语时对语言本身产生了强烈的兴趣，并希望可以融入所学语言的文化。执有融入型动机的人学习外语时能体会到乐趣，不觉枯燥厌烦，更易于掌握外语。
工具型动机	学习者希望通过利用第二语言达到自己的目标，侧重“学习一门新的语言的实际价值和好处”。强调学习英语的某些实际目的，而没有要和英语社团进行交际的特殊目的的需要。主要特点是无持久性、有选择性，如为阅读科技文献、做资料翻译、为找某些特殊的工作等而学英语。一旦学习者认为工具的目的已经达到，动机便立刻消失。
外在动机	英语学习者受到外力推动，不是主观因素在起作用。这种动机受外在诱因的影响，随着外部条件的变化而变化，如果得不到及时有效的调节，则有可能表现为患得患失，影响学习效果。
内在动机	英语学习者内部因素在起作用。这种动机由学习者对学习的需要、兴趣、愿望、好奇心、求知欲、理想、信念、人生观、价值观，及其自尊心、自信心、责任感、义务感、成就感和荣誉感等内在因素转化而来的，具有更大的积极性、自觉性和主动性，对学习活动有着更大、更为持久的影响。
辅助性动机	起着次要、从属和辅助性作用。一般某个学年段可以有若干个。
主导性动机	动力强，起主导性作用，随着学生的成长而变化。一般某个学年段只有一个。
远景性动机	与学习活动本身没直接联系，具有间接性特点。它强调学习活动的结果和价值，与英语学习的社会意义相联系。它有力地影响着学生英语学习的自觉性和主动性。这类动机与比较长远的活动结果相联系，其稳定性强，不易动摇，能在较长时间内起作用。
近景性动机	与学习活动有直接联系，具有直接性特点，主要由学习活动本身直接引起，主要表现为对英语学科内容或学习活动的直接兴趣，是由学习者在学习过程中获得的体验和结果引起的。这类动机主要由好奇和认知的需要引起，比较具体、强烈而有效，动力作用具有暂时性和不稳定性的特点。

第三节 学生在英语学习过程中的外部阻碍

我国高等教育的发展取得了长足的进步，但同时也存在许多问题，高等教育中的英语教学问题表现得尤为突出，有很多方面值得我们探讨、改进和提高。

一、教学环境的问题

从教学论的角度来看，教学环境是教学活动必须凭借的一个重要因素。在教学实践中，教学环境对教学活动的顺利进行，对学生身心的健康发展都有极其重要的影响。深入了解教学环境这一重要教学因素在教学活动中的功能和作用，以及它影响学生身心发展的内在机制，有助于我们更好地探索教育规律，提高教学质量。

教学环境是一个由多种要素构成的复杂的整体系统，它对学生学习过程中的认知、情感和行为产生着潜在的影响，对教学活动的进程和效果施加系统干预。可以说，教学环境的优劣在某种程度上决定着教学活动的成效。为了最大限度地发挥教学环境的正向功能和降低其负向功能，实现教学环境的最优化，就必须对教学环境进行必要的调节控制。

当前，英语教学环境主要存在如下几个问题。

（一）高等院校英语教学物理环境不足

1. 缺乏完善的英语教学设施

课堂教学广泛应用了多媒体技术、网络技术，活跃了教学气氛，但是硬件设施老化及数量短缺等问题依然存在。高院扩招以后，教学设施不足的问题更加突出，主要是教室数量严重不足，尤其是多媒体教室数量更少，设备陈旧，容量有限。英语教学质量受到这些因素的严重影响。

2. 空间环境安排不合理

(1) 课时偏少，学生学习周期较短

现在的大学英语教学课时少，学生学习周期较短，即使是降低教学要求，删减教学内容，也不能完成教材中最基本的英语技巧学习和一般性课文的讲解和实训要求。课时偏少的情况往往造成对课程学习的虎头蛇尾，随着课程的结束，学生的听说读写译的学习也就此为止。

(2) 课堂活动时间不合理

例如，设计活动时考虑不周全；教师没有很好地控制教学节奏；活动目标定得太高；没有充分利用教师的群体力量；没有开展形式多样、内容丰富多彩的课外活动；没有充分利用外教资源；没有实行“走出去，请进来”的方式；没有利用传媒及多媒体来丰富学生的第二课堂语言环境；没有优化校园英语环境；没有创设课堂英语环境；课外没有注重丰富英语知识和提高英语自主学习能力环境的创设。

(二) 高等院校英语教学心理环境不足

1. 学风的问题

良好的学风是学校宝贵的财富，是提高教学质量、培养合格人才的重要保证，是衡量育人环境的重要标志。考察一所学校的校风，一般从教与学两个方面，即教风和学风。它们构成了一所学校校风的核心内容，教风在学风建设中起着基础性的重要作用。

优良学风是优良教风的必然要求与最终结果，没有好的教风，学风建设就会成为一句空话，教学质量也就没法保证。

当前，高校学生存在的学风问题主要有上课迟到、旷课、抄袭、考试作弊等。

2. 英语课堂教学的问题

课堂环境如何，对于激发学生的学习兴趣影响极大。目前，高校英语课堂教学气氛不够和谐，主要原因是：教师没有更新教育观念，没有转变教师角色，没有学习现代英语教学理论，没有调整教学方法，没有优化英语教学。教师平时课堂教学没有全心投入，没有洋溢出教者的热情，仪态不洒脱，精神不饱满，表情不轻松愉快，目光中不能给予学生亲切、和蔼的感觉，不能让学生本来较为紧张的心情得以舒缓，不能激发学生的学习热情，增强他们的自信心，达不到预期的教学效果。

实际上，英语教师应当吸收先进教学方法，帮助学生克服阻碍英语学习的消极因素，创造轻松、愉快的课堂学习环境，引导学生学好英语。

（三）教学环境优化的策略

对教学环境的优化，应当采取表 4-15 所示 5 个策略。

表 4-15　教学环境优化的策略

策略	简介
协同特性策略	在调控优化教学环境的过程中，环境控制者可以通过协同或突出环境的某些特性，有意形成某种特定的环境条件来影响教学活动及师生的行为，以达到预期的目的。
协同转释策略	在调节控制教学环境的过程中，要对存在于教学环境中的各种信息进行一定的选择转化处理，实现信息优控，使信息成为促进学生健康发展的积极因素。
整体协调策略	在教学环境的调节控制过程中，无论学校领导还是教师，都要有全局观念，要从整体上对教学环境的各个方面进行规划调整，以便把各种环境因素有机地协调为一个整体。
自控自理协同策略	教育者不仅自己要重视调节控制教学环境，而且要重视学生在调节控制教学环境方面的作用，培养学生自控自理环境的能力，使学生自己学会控制和管理教学环境。
协同优势策略	在教学环境的调控优化过程中，要充分协同学校已有的有利环境条件，为教学活动创造一个良好的环境。

（四）教学环境优化的原则

对教学环境的优化，需要遵循表 4-16 所示的 3 个原则。

表 4-16　教学环境优化的原则

原则	含义
注重实用性原则	创建良好的教学环境并不意味着刻意追求豪华的设施和讲究排场，其主要目的是更好地服务于教学。因此，教学环境建设应立足本地本校实际，不能脱离教学实际需要和自身经济能力去追求物质条件的丰裕和环境外表的完美。
注重科学性原则	教学环境的建设和美化要符合学生身心发展的特点和教学规律，要遵循生理学、心理学、教育学、学校建筑学、学校卫生学、教育社会学、教育美学、学校德育的基本原理，要通过科学合理的调控优化，使教学环境真正成为科学和艺术的统一体。
注重教育性原则	教学环境的一切设计、装饰和布置都必须有利于启迪学生的思想，陶冶学生的情操，激励学生向上，必须充分体现各种环境因素的正面教育意义。

二、教师队伍和教学方面的问题

在我国，提高英语教师的整体素质是提高英语教学质量的关键。

随着我国高等教育的发展，高校学生数量剧增，教师队伍的整体状况与当今高等教育迅速发展的现实以及深化改革与健康持续发展的要求存在较大差距，主要体现在以下几个方面：教师学历偏低；师资队伍不健全；教师队伍结构不尽合理；教师科研、创新意识不强；双师型师资队伍不足；缺乏师资配备；教师队伍的综合业务水平较低；教师队伍来源单一；英语课堂教学质量较差；教师教学任务繁重；英语教师队伍建设不能满足现代教育的需求。

教师教学方面的问题。第一，由于受到传统教学观念的影响，很多高校教师在上课时用大量时间讲解词汇、分析语法、介绍翻译方法等，教学方法单一，忽略学生的语言实践和自主学习，导致课堂气氛沉闷，学生学习兴趣索然，教学效果较差。第二，教师职业责任感的缺乏和教学水平的差异导致其教学时没有耐心，不能恰当地确定教学方法，也做不到循循善诱，最终有可能使学生产生反感、厌学的情绪。第三，很多大学教师认为学生已经成人，具有较强的自学能力和独立的思想意识，不需要加强管理，上课下课来去匆匆，很少与学生进行情感交流，师生关系冷淡，学生很容易产生消极被动的学习态度。

三、教学理念的问题

教学理念是对认识的集中体现，是人们从事教学活动的信念，是人们对教学活动的看法和持有的基本的态度和观念。目前，我国英语教学理念存在表 4-17 所示七大问题。

表 4-17　英语教学理念存在的问题

问题	简介
学科层面的问题	教师在关注学生进步和发展方面有欠缺，一是没有“对象”意识，二是没有“全人”的概念。
理论层面的问题	教师对教学理论缺乏各种反思，不能在实践中检验教学理论的各种元素，同时，对发展了的教学理论，教师缺乏重新认识，往往沿袭以往的理论思想，故步自封，不能给学生搭建有利于能力和素质提升的平台和空间。
操作层面的问题	教师的教学核心观是“仓库理论”“填鸭式教学”，把学生当成“容器”，一味地灌输，教和学不能合一，没有把学生看作一个发展的人，不能促进学生的和谐发展，不能把学生引向成功。
没有建立“以能力为中心”的教育质量观	传统教学是由老师单向灌输知识，以考试分数作为衡量教育成果的唯一标准，教师注重学生在课堂教学中接受现成的知识和结论。这种“守成性”教育严重影响了对学生创新精神和创新能力的培养。
教学理念滞后	从教学内容上仍然以课本为主，没有依据就业市场的变化形势进行有效的调整，没有以学生的发展为教学根本，对学生学习心理、认知规律、学习中的薄弱环节等缺乏深入的调查研究，不能给学生提供自我评价、学习策略训练等方面的有效指导。

没有充分体现大学英语学习的研究性、探究性与合作性	没有通过有效的课程设计以及网络多媒体的辅助，实现学习内容的综合性与开放性，学习形式的探究性、学习手段的技术性、学习过程的自主性与合作性、学习评价的多元性与社会性、学习成果的创新性和知识的自我建构性等。
没有建立“以学生为中心”的主体观	在整个教学过程中，教学基本以教师单一传授为主，教学方法多采用传统的讲授法，教学内容也比较偏重语法和阅读。

四、教学内容体系的问题

目前，我国高校英语教学内容体系主要存在表 4-18 所示三大问题。

表 4-18　教学内容体系的问题

问题	简介
教材选取不当，教学内容滞后	从功能上来看，教材是为一定育人目标服务的师生之间的中介。教材是实现教育目标的重要手段，是教学内容和方法的知识载体。教材的好坏直接影响着教学效果的优劣。目前国内缺乏成熟的系列化专业英语教材。专业英语教材的内容大多来自国外原版教材及某些外文刊物，内容单调陈旧，而且有些文章偏难、脱离实际需要，难以保证教材质量。此外，缺乏教学辅助材料，特别是练习使用的磁带、录像带等。
教学内容专业特色不突出	传统英语教学模式下的毕业生走上工作岗位后在英语应用方面仍表现出严重的不适应，因此突出实用性、应用性的英语教学才符合人才培养的目标。学生在校期间要不断提高其实际从事涉外交际活动和满足工作需求的英语应用能力。
教学内容缺乏针对性	教材内容偏于基础理论，缺乏实用性和针对性，直接降低了高职英语的教学效率。

第五章 词汇、句子及语篇的翻译

翻译技巧需从感性认识着手，向理性认识发展，再到准确、完整地表达原文的思想，以求达到一种质的飞跃。犹如绘画艺术，从粗线条的勾画开始，侧重于形状结构，到按比例地局部透视，着重于塑造形象，再到从整体考虑去完美地展现人物性格特征。实际上每一次翻译、创作过程都在不知不觉地运用翻译、创作的一些基本技巧。这些基本技巧决定了翻译或创作的质量，犹如创作过程，要正确处理明暗、虚实关系，翻译过程要十分清楚突出什么、抑制什么，方能相当细腻、多层次地反映原作的精神风貌、理论精髓。

第一节 词汇的翻译

一、英汉词汇比较

英汉两种语言渊源不同，又是在不同的历史和社会条件下发展起来的，所以两者之间存在着很大的差异，体现在词汇及其意义方面的差异也是非常明显的，如在词汇的构成及其形态变化、词汇的功能、词汇顺序、词义、词义的对应性等方面都存在着差异，研究这些差异对两种语言的转换具有非常重要的意义。

（一）英汉文字的形成

世界上的文字体系大致可以分为两类，一类是表音文字，另一类是表意文字。汉字属于后者。表音文字是用数目不多的符号，通称为字母，表示一种语言里有限的音位或音节。一般来说，在表音文字体系中，一定的字母表示一定的音。这就是说，由字母所形成的文字与它的发音存在着较为直接的对应关系。但是，汉字不是直接表示音位或音节的字母，它的构造单位是笔画和偏旁。笔画是构成汉字的最小单位，汉字的偏旁、单体字和合体字都是由笔画构成的。偏旁主要用于构成合体字，偏旁又可以分为形旁和声旁，前者具有表意的功用，后者具有表声的功用。

汉字是以象形、象意为基础的形声结合的表意体系的文字。从字形上看，汉字是由点、横、竖、撇、捺五种基本笔形及其变体，通过上下、左右或内外组合方式构成的。根据古代典籍记载，汉语主要以四种方式造字，即“象形”“指事”“会意”和“形声”。

“象形字”是有关自然现象或物的原始图形文字，实际是一种形象符号，如“日”“月”“水”“雨”“田”等。“指事字”是以代表某种意思的抽象符号或者在形象符号中加上一个指示性符号构成的。例如，在弧线上加一短横表示“上”，用三根并列的横线表示“三”。“指事字”也是独体字，它和“象形字”都是汉字偏旁的主要来源。“会意字”是由两个指事符号构成的汉字。如把“手”放在“目”上表示“看”；“土”上有两个“人”表示“坐”；还可以用两个或几个字组成一个字，把这几个字的意义合成新字的意义，如“林、森、炎、焱”等。“形声字”是由一个表意的偏旁和一个表音的偏旁组成的汉字，如“挑”“跳”“眺”“拧”“柠”“咛”等。“象形”“指事”“会意”“形声”四种造字法之间存在着紧密联系，不管是用哪种方法造出来的字，表意功能都是第一位的，表音功能居其次，所以，对于汉语本族人来说，往往可以由字直接获得该字的意义。

从语法的角度上看，一个汉字代表一个语素。语素是词的构成单位。一个词只包含一个语素的叫单语素词，如“东”“西”等；包含两个或多个语素的叫复合词，如“东西”“电视机”等。现代汉语的基础是古代汉语。在古代汉语中，单音节词占绝对优势。到了现代，汉语虽然双音节和多音节词占有一定地位，但是，一旦有机会人们还是习惯于使用单音节词。现代汉语中大量离合词的存在足以作为明证。如“提醒”常被说成“提个醒”。就连一些多字单语素外来词也被拆开使用，如“幽默”是“humour”的音译，其内部结构不可分析，然而，在现实的语言生活中，常有“幽了他一默”的说法。可见，由一字表示的单音语素（单音节）词的使用，在汉语文化中是根深蒂固的。

在当今世界各民族使用的文字中，汉字的历史最悠久，从商代的甲骨文至今已有约三千五百年的历史。在漫长的发展演变过程中，汉字的数量不断增加，形成了庞大的体系。

英语属于印欧语系的西日耳曼语支，其 26 个字母是构词的基本单位，利用词缀还可以派生出许多新词，这是英语中一种非常重要的构词手段，加前缀可以改变词义，加后缀可以改变词性。利用合成法、转换法也可以构成许多新词。英文字母在相互组合成词之前都是纯粹的表音符号，但在组合成词之后其词形和词义就联系在一起了。

总之，英汉两种文字都是根据约定俗成的原则来确定字形词形与其所表示的意义之间的关系的。

（二）英汉词形的差异

在英语中，名词、动词、形容词、副词等都会随着不同的人称、时态、语态、程度等而发生词形上的变化。词形上的变化可以表明英语句子中各成分间的关系；而在汉语中就没有这些变化。在汉语中，词义、词序和隐含的逻辑关系常用来表达语言的意思，如“These students are working very hard in their English studies.”这句话用汉语说就是：“这些学生在英语学习方面非常努力。”可以看到，英语中的“student”有单复数变化，在词尾加“s”表示复数，而汉语中的“学生”这个词本身并没有单复数变化，其复数概念是通过加限定成分“这些”“那些”，或在“学生”后加“们”字来表示的。还有“She speaks English very well”这句话用汉语说，就是“她英语相当好”。英语中的“speak”是动词，它要随着主语的人称和数来变化，这里加了“s”，表示此句的时态是“一般现在时”。汉语动词并不受主语人称和数的控制，不管主语是谁，一律用原词，词形不发生任何变化。又如“He once told me that Professor Li would taught here for thirty years by this winter。”用汉语说就是：“他曾对我说，到今年冬天李教授在这里教书就要满三十年了。”从这个例句中可以看到，英语动词有时态变化，表示过去的用“过去时”，表示将来的用“将来时”，表示将来某时完成的用“将来完成时”等。汉语动词则根本没有变化，其时间概念是通过使用时间副词来表示的。

英语的动词还有语态的变化，如果讲述的是事实，就用真实语气，如果是虚拟的事实，就用虚拟语气表示。汉语没有虚拟语气，表达虚拟语气也要通过借助相关的词语。如“If I had not been so busy last night，I would have gone to the station to send him off. ”这句话，用汉语说，就是：“我昨晚要是不那么忙的话，就去车站为他送行了。”

英语的许多可用于比较的形容词和副词有比较级和最高级这类词形变化，汉语则没有。在表达同类意思时，汉语常常使用“比”字表示比较级，使用“最”字表示最高级。如“This one is better than that one.”用汉语说就是“这个比那个好。”“He runs fastest in his class.”，用汉语说就是“他在班里跑得最快。”

(三) 英汉词序的差异

英汉两种语言在词语顺序方面也有差异，这主要是由叙事的习惯决定的。在英语中，物主代词往往置于所代表的名词前，人称代词也常出现在主句前面的从句中。然而，在汉语中，则总是先出现名词，后出现代词。如：

例 1：His sympathy for the Chinese revolution and his friendship for the Chinese people gained Edgar Snow many enemies.

按照汉语的叙事习惯，这句话的意思就是：埃德加·斯诺对中国革命的同情和对中国人民的友谊使很多人对他产生敌视态度。

有时，词序的变化是由英汉不同的句子结构决定的。如：

例 2：The smaller the thing the less the pull of gravity on it and it less the weight.

物体越小，地心引力对它的吸力就越小，重量也就越轻。

例 3：Computers can keep a wide range of records，including who sold what， when and to whom.

计算机可以做大范围的记录，包括何人于何时向何人售出了何物。

（四）英汉词义的差异

英语词义灵活多变，词义的扩大、缩小、转褒、转贬、转为具体或转为抽象等情况随处可见。如“dog”一词的词义就在扩大。在古英语里“dog”指的是“猎狗”，在中古英语中泛指各种犬类，如今，其语义已经扩大到20余种。而“girl”一词的词义在中古英语中相当于“child”，不分性别，现在专指“女孩”或“未婚女青年”；“starve”在古英语中指“死亡”，现在指“饿死”。“foun”一词原指“foolish（愚蠢的）”“insane（疯狂的）”，现指“kind and loving（慈爱的）”。“cunning”原指“有学问的人”，现指“狡诈的”。

人类对宇宙的认识经历了漫长的由客观到主观、由感性到理性、由具体到抽象的认知过程。在这个认知过程中，具象先于抽象，也就是说，表示物质对象的具体名词首先被人们认识、熟悉，并从中提取共同的、本质的属性，形成抽象的概念。如“king”这个词的具体语义是“国王”，抽象语义是“主宰”“统治”；“muscle”的具体语义是“肌肉”，抽象语义是“体力”“力气”；“brain”的具体语义是“大脑”，抽象语义是“智力”“脑筋”。又如：

例4：It is better to sleep naturally without taking medication.

最好是自然入睡，不靠吃药。

例5：She has taken a lot of different medicine but none has cured the disease.

她吃了许多各种各样的药，但没有一种能治好她的病。

前句中的“药”是抽象名词，所以用“medication”，后句中的“药”指的是具体的“药”，是具体事物，所以用“medicine”。

还有一些词汇的转化刚好相反，是从抽象到具象转化的。从数目上看，这类词汇比从具象向抽象转化的词汇要少，但这类词汇在英语中也是俯拾皆是。如“beauty”的抽象语义是“美丽”，具象语义是“美人”；“acquaintance”的抽象语义是“相识”，具象语义是“熟人”；“license”的抽象语义是“许可”，具象语义是“许可证”“执照”。

相比之下，汉语词义则比较严谨，词的含义范围也比较窄，也比较精确固定，词义的引申性和对上下文的依赖性比较小，独立性比较大。这其中的道理就是汉语方块字循规蹈矩，多用本义，很少使用转义，也就是《现代汉语词典》所称的“比喻意”。

词义的不完全对应情况指的是某语言中的一词在另一种语言中有几个同义词，这几个同义词所表达的意思虽然基本相同，但是用于不同的情况，如“津贴”一词，在英语里可用“allowance”和“subsidy”表示，但两者所指不同，前者指“个人津贴”，后者指“政府对某一行业给予的补贴”。

不对应的情况是指一种语言中的某个词汇单位在另一种语言的词汇里没有对应物，如专有名词和特指事物等。随着社会的发展，词汇的意思不断发生变化和转移，原有的对应关系常常被打破，新义旧义产生脱节的现象屡见不鲜。有时，词义演变成相近或相通的词，有时则是处于矛盾和相反的关系之中，在这种情况下，稍不留神，就可能出错。如“He learned me how to play chess”是说“他教我下棋”，而不是“他跟我学下棋”。

有些词汇在英汉两种语言里看似对应，实则不然。如“从上海到北京的飞机每天一班”，这句话如果说成“There was a daily shift from Shanghai to Beijing”就错了，因为“shift”是指工人干活分的早、中、晚班，而飞机的航班是“flight”，轮船的航班是“voyage”。

英语中有一部分词的词义成分是隐含的，汉语里找不到表达同样概念的专用词，所以只好采取描绘手法。如“The soldiers showed that they had plenty of grit（grit指的是 quality of courage and endurance）”，用汉语说，就是“那些士兵表现得很勇敢，很能吃苦耐劳”。

表示同一概念，实说的时候，英语用特指词，意义明确、具体，显得正规、慎重；虚说的时候，用泛指词，即用一个跟特指词近义或同义的词语作替代词，意义概括、笼统，显得比较通俗、随便。汉语则没有这种区别。见下面的例句：

例 6：When will my laundry come back?

我洗的衣服什么时候能送回来？（用 laundry 代替 clothes）

例 7：This ancient vase is good for 3 million dollars.

这只古花瓶可卖三百万元。（用 good for 代替 sell）

例 8：I have set down everything that happened as I remember it.

我记忆中所发生的一切我都记下了。（用 set down 代替 record）

在汉语和英语中都有许多固定词组，其字面意义和实际意义很不相同。字面意义一开始尽可能被淡化，但有时也需要用它来掩饰后者，以达到某种特殊的表达效果。如果把字面意义看作“指称意义”，那么实际意义就应该是“附加意义”了。其实，这两种意义经常只有显性与隐性之别，因为它们总是共同存在的，如果出典鲜为人知或者不重要，人们倒可能误解其实际意义，同时忽略其字面意义。这一类短语在两种语言的对译中最容易发生语义错位。例如，“老王卖瓜”不是“old Wang sells melons”，而是自己吹嘘自己的东西好；“五讲四美”不是“five talks and four beauties”“五讲”是指“讲文明、讲礼貌、讲卫生、讲纪律、讲道德”，“四美”是指“心灵美、语言美、行为美、环境美”。一般译为“ethic movement”。“街道妇女”绝不是“street women”，如果那样就成了“妓女”的意思了；超计划生的“黑孩子”，无论如何不能译成“black babies”，应为“off-the-book babies”；“互相借鉴对方的经验”，通常译为“to learn from each other's experience”，而英美人把它说成“to profitably share our experience”；“这些原则一直是我们民族的精神支柱”，外刊说“These principles have nourished the soul of our nation”。“富起来”这个概念，过去在对外宣传中译为“to get rich”，使外国人大惑不解，因为他们心目中的“rich”标准是相当高的。中国农民的所谓“富起来”，暂不宜用“get rich”，可用“to improve/better their living conditions”或者“to become better-off”。“发挥余热”，外刊用“to use one's availability”，表达得准确、生动。

同样，英语中的“fly off the handle”不是“把手飞了出去”，而是指“火冒三丈”；“spill the beans”不是“撒豆子”，而是指“说漏了嘴”；“compare notes”不是“对笔记”，而是指“交换意见”。

二、词义的选择、引申和褒贬

（一）词义的选择

在翻译过程中，首先碰到的问题是词义。英语中一词多义，汉语中一字多义，这是常见的语言现象。英国伦敦语言学派创始人弗思指出“Each word when used in a new context is a new word”。这充分体现了英语词汇的灵活性。

因此，正确选择词义成为翻译过程中极其重要的一步。请看英语词汇“run”在下列词组中的含义：

run away——跑开　　run down——撞倒

run out——用完　　run a race——参加赛跑

run the streets——流浪街头　　run a fever——发烧

run a factory——办工厂　　run the risk of——冒险

run wild——发狂　　run to seed——变得不修边幅

由此可见，“run”一词的含义极其丰富，除了本义“跑步”外，还有许多意思。

再请看“way”在下列句子中的含义：

Which way do you usually go to town?

你进城一般走哪条路线？

The arrow is pointing the wrong way.

这个箭头指错了方向。

She showed me the way to do it.

她向我示范做这件事的方法。

I don’t like the way he looks at me.

我不喜欢他那种样子看着我。

Success is still a long way off.

离成功还远着呢。

We must not give way to their demands.

我们决不能对他们的要求让步。

汉语词汇也是如此，下面请看关于“上”的例子：

上班——go to work

上课——attend class

上市——come on the market

上当——be taken in

上年纪——be getting on in years

再请看“轻”在下列句子中的含义：

这件大衣很轻，但非常暖和。

This coat is light but very warm.

易碎品——小心轻放

Fragile handle with care

他年纪虽轻，但做事非常负责。

He is young at age but very responsible in work.

不要轻看自己。

Don’t belittle yourself.

不要轻易做出选择。

Don’t make choices so easily.

今天我有些轻微的头疼。

I’ve got a slight headache today.

不难看出，翻译中选义的难易程度有多方面的因素在起作用，除了语言工具书可以帮助翻译，更重要的是，还要借助具体的语境。

（二）词义的引申

所谓词义的引申，指的是在一个词所具有的基本词义的基础上，进一步加以引申，选择比较恰当的汉语词来表达，使原文的思想表现得更加准确，译文更加流畅。词义引申主要使用词义转译、词义抽象化、词义具体化等方法实现。

1. 词义转译

有些词照搬词典翻译，会使译文晦涩、含混，甚至造成误解。这时就应根据句、文逻辑关系引申转译。如：

(1) heavy 的基本词义是重，heavy crop 引申为大丰收，heavy current 引申为强电流，heavy traffic 引申为交通拥挤等。

(2) sharp 的基本词义是锋利的、尖的，sharp eyes 引申为敏锐的目光，sharp image 引申为清晰的形象，sharp voice 引申为刺耳的声音，sharp temper 引申为易怒的脾气等。

2．词义抽象化

英语中常常用一个表示具体形象的词来表示一种属性、一个事物或一种概念。翻译这类词时，一般可将其词义作抽象化的引申，译文才能流畅、自然。如：

(1) Every life has its roses and thoms．每个人的生活都有甜有苦。（roses 和 thoms 抽象化后引申为“甜”和“苦”）

(2) We have to cut through all of the red tape to expand to the French market．我们必须克服所有的繁文缛节，开拓法国市场。（red tape 抽象化后引申为“繁文缛节”）

(3) Mary stands head and shoulder above her classmates in playing tennis．玛丽打网球的水平在班里可以说是“鹤立鸡群”。（head and shoulder 抽象化后引申为“鹤立鸡群”）

3．词义具体化

英语中许多词意义较笼统、抽象，根据汉语表达习惯，引申为意义较明确、具体的词。这样，译文表达清晰、流畅，更加形象生动。如：

(1) The car in front of me stalled and I miss the green．我前头的那辆车停住了，我错过了绿灯。（green 具体化后引申为“绿灯”）

(2) The big house on the hill is my ambition．山上的那间大屋是我渴望得到的东西。（ambition 具体化后引申为“渴望得到的东西”）

（三）词义的褒贬

为了忠实于原文，仅查看词典是不够的。译者还必须正确理解原文背景，了解其思想内容乃至政治观点等，然后选用适当的语言手段来加以表达。原文中有些词本身就含有褒义和贬义，译者在翻译时要相应地将其表达出来，但有些词孤立起来看是中性的，而放在上下文中揣摩则可增添其褒贬色彩，译者在翻译时也应恰如其分地将其表达出来。

英语中有些词不具有褒贬色彩，但根据语言表达的需要，翻译时要译出褒义或贬义以达到更加忠实原文的目的。

1．reputation：

(1) I'm very lucky to attend this college with an excellent reputation.

被录取到这所享有盛誉的学校，我很幸运。（褒义）

(2) He was a man of integrity，but unfortunately he had a certain reputation.

他是一个正直真实的人，但不幸有某种坏名声。（贬义）

2．ambition：

(1) My sister worked so hard that she achieved her great ambitions.

我姐姐如此努力工作，最终实现自己的抱负。（褒义）

(2) Ambition dominated their lives.

他们的生活受野心驱使。（贬义）

3．demanding：

(1) This old professor has been persisting in his demanding research job.

这位老教授一直都不懈努力地追求着他的研究课题。（褒义）

(2) As a demanding boss，he expected total loyalty and dedication from his employees.

他是个苛刻的老板，要求手下的人对他忠心耿耿，鞠躬尽瘁。（贬义）

三、词类的转换

在翻译实践中，要做到既忠实于原文又符合译文的语言规范，就不能机械地按原文词类“对号入座”，逐字硬译，而需要适当改变一些词类，即把原文中属于某种词类的词在译文中转译成另一种词类，这就是现在要讨论的词类的转换。

词类转换在英译汉和汉译英时都是非常重要的手段之一，运用得当，可使译文通顺流畅，符合英汉语言习惯。现将英译汉以及汉译英时最常见的词类转换列举如下。

（一）英语名词的转换

英语中名词使用的概率较汉语高，而且词义相当灵活，翻译时要从其基本意义出发，符合汉语习惯，联系上下文加以词类转换等灵活处理。通常英语名词可转译成汉语动词、形容词或副词。

1．英语名词转译成汉语动词

(1) 由动词派生的英语名词常常转译成汉语动词。例如，Her decision to retire surprised us all．她决定退休，我们大为惊讶。

(2) 具有动词意义的英语名词常常转译成汉语动词。例如，Every morning，she would go to the park for a walk．每天早晨，她都要去公园散步。

(3) 表示身份或职业的英语名词常常转换成汉语动词。例如，She was a winner in this competition with her amazing performance．凭着出色的表演，她赢得了这场比赛。

2．英语名词转译成汉语形容词

(1) 由形容词派生的英语名词可转译成汉语形容词。例如，She is a real beauty．她非常漂亮。

(2) 一些加不定冠词作表语或作定语的英语名词可转译成汉语形容词。例如，His promotion was a success．这次促销活动是成功的。

3．英语名词转译成汉语副词

英语中有些抽象意义的名词可以转译成汉语副词。例如，It is our pleasure to note that China has made great progress in economy．我们很高兴地看到，中国的经济已经有了很大的发展。

（二）英语形容词的转换

英语形容词可转译成汉语动词、副词或名词。

1．英语形容词转译成汉语动词

英语中有些表示知觉、欲望等心理状态的形容词作表语时，可以转译成汉语动词。例如，Doctors said that they were not sure they could save her life．医生们说他们不敢肯定能救得了她的命。

2．英语形容词转译成汉语副词

英语名词译成汉语动词时，修饰名词的形容词常常转译成汉语副词。例如，I like having brief naps in the noon．我喜欢在中午短短地睡上一小会儿。

3．英语形容词转译成汉语名词

(1) 表示特征或性质的英语形容词可转译成汉语名词。例如，The more carbon the steel contains，the harder and stronger it is．钢中含碳量越多，其越硬越强。

(2) 有些英语形容词前加上定冠词表示某一类人时，可转译成汉语名词。例如，They are going to build a school for the blind and the deaf．他们将为盲人和聋人修建一所学校。

(三) 英语副词的转换

英语副词可转译成汉语名词、形容词或动词。

1．英语副词转译成汉语名词

有些英语副词因表达需要可转译成汉语名词。例如，He is physically weak but mentally sound．他身体虽弱，但思想很健康。

2．英语副词转译成汉语形容词

有些英语副词因表达需要可转译成汉语形容词。例如，The film impressed me deeply．这部电影给我留下了深刻的印象。

3．英语副词转译成汉语动词

有些英语副词因表达需要可转译成汉语动词。例如，Now，I must be away．现在，我该离开了。

（四）英语动词的转换

英语动词可转译成汉语名词或副词。

1．英语动词转译成汉语名词

(1) 英语中有些动词，特别是名词派生或名词转用的动词，在汉语中不易找到相应的动词，翻译时可将其转译成汉语名词。例如，Most students behaved respectfully towards their teachers．大部分学生对老师的态度都很恭敬。（名词转用的动词）

(2) 有些英语被动式句子中的动词，可以译成“受到/遭到……+名词”或“予以/加以……+名词”的结构。例如，He was snuffed by the top-ranking officials there．他受到那边高级官员们的冷遇。

2．英语动词转译成汉语副词

英语中有些动词具有汉语副词的含义，可以转译成汉语副词。例如，When I leave the house，I always watch out．我出门时总是非常小心。

（五）英语介词的转换

英语介词搭配多样，关系复杂，运用广泛，翻译时应根据上下文灵活处理，通常可转译成汉语动词。例如，He is leaving for Beijing at 9 this morning．今天上午 9 点他将动身去北京。

（六）汉语动词的转换

1．汉语动词转译成英语名词

汉语中动词使用较频繁，而且常常几个动词连起来使用。英语中名词使用较多，在汉译英时，可根据需要将汉语动词转译成英语名词。例如，说来话长。It is a long story．

2．汉语动词转译成英语形容词

汉语中一些动词往往可以转译成英语形容词，常用“be+形容词”来表达。例如，他连续 24 小时上网，这可说不过去。He has been on line for 24 hours in a row. This is inexcusable.

3. 汉语动词转译成英语介词或介词短语

介词的使用在英语中也非常灵活，在汉译英时，可根据需要将汉语动词转译成英语介词或介词短语。例如，如果遇到火灾，首先要切断电源。Break the circuit first in case of fire.

4. 汉语动词转译成英语副词

同样，有些汉语动词也可用英语副词来表达，这样用词更加简明，意思也非常准确。例如，灯开着，但没有人在家。The light was on，but nobody was in.

（七）汉语名词的转换

有些汉语名词在翻译时，也可转译成英语动词。但是，同时须注意，如果汉语前有形容词修饰语，则也要随之转换成英语副词。例如，他的呼吸有大蒜的味道。His breath smells of garlic.

（八）汉语形容词或副词的转换

汉语形容词或副词可以转译成英语名词，这主要是语法结构或修辞上的需要。例如，思想交流是十分必要的。Exchange of ideas is a vital necessity.

四、增译法、减译法

作为翻译的一个普遍原则，译者不应对原文的内容随意增添或缩减。不过，由于英、汉两种语言文字之间存在的差异，在实际翻译过程中很难做到词字上的完全对应。因此，为了准确地传达出原文的信息，译者往往需要对译文做一些增添或删减，把原文中隐含的一些东西适当增补出来，或删去一些可有可无、不符合译文习惯表达法的词语，以便于读者理解。

（一）增译法

增译法是指在保持原文思想内容完全一致的前提下，在译文上做必要增补，增加一些原文字面上没有的词、词组甚至句子，更加忠实流畅地表达原文的意思。英译汉的增词主要是出于汉语表达的需要，用增词法译出原文所省略的词语，增添必要的连接词、量词或复数概念、表现不同的时态或先后顺序的词，或从修辞连贯等方面考虑，使译文的遣词造句符合汉语的表达习惯。

1．增加动词、名词、形容词或副词

例如，①He ate and drank，for he was exhausted．他吃点东西，喝点酒，因为他疲惫不堪。（增加名词）②The plane twisted under me，trailing flame and smoke．飞机在下面扭动盘旋，拖着浓烟烈焰掉了下去。（增加形容词）③He dismissed the meeting without a closing speech．他没有致闭幕词就宣布结束会议。（增加动词）④He sat down with his face in his hands．他两手蒙着脸，一屁股坐了下去。（增加副词）

2．增加量词

(1) 英语中的数字常直接与名词连用，用汉语表示时却通常需要不同的量词来修饰。例如，The students have their class in a bright classroom．学生们在一间明亮的教室里上课。

(2) 英语中有些动词或动作名词，译成汉语动词时需增加一些表示动作、行为的动量词。例如，Now that you are tired．Let’s have a rest．既然你们都累了，我们还是休息一下吧。

3．增加表示名词复数的词

汉语名词的复数没有词形的变化，但如果需要强调复数的概念，可以通过增词来实现，比如可以在表示人的名词前加“各”，或在其后加“们”。还可以用重叠词来表达复数，如“种种”等。例如，He is the least flamboyant of the Republican contenders．共和党各个角逐者中，他是最不受瞩目的。

4．增加语气助词

汉语是借助词汇手段表意的语言，因此，增译法就成为人们表达英语情态的不可或缺的方法。在英译汉中，经常需要增添语气助词，如“了”“啊”“呀”“嘛”

“吧”“吗”，来满足句子情态的需要，除此之外，还经常会视情况添加适当的虚词如“罢了”“而已”“究竟”“到底”“才好”等。例如，Let’s do it in the way of business. 这件事我们还是按生意场的老规矩办吧。

5. 增加表示不同时态的词

英语动词有时态、语气的变化，而汉语没有对等的表现形式，翻译时常常要靠增加一些时态和语气的词才行。例如，现在时：“现在”“目前”；将来时：“将”“要”“会”“就”；过去时：“过去”“以前”“曾经”“那时”；完成时：“曾（经）”“已（经）”“过”“了”等。

6. 增加表示语态的词

英语多被动句，而汉语多主动句。英语被动句译成汉语主动句时，需增加一些表示被动的词，如“被”“便”“由”“受到”“得到”“遭到”等，或增加主语，如“人们”“我们”“大家”“有人”等。例如，At the end of the month he was fired for incompetence. 月底，他因不胜任工作而被解雇了。

7. 增加概括词或承上启下的词

英汉两种语言都有概括词，在基本译文的基础上加上适当的表示“概括性”的词，其目的是使译文概念进一步明确，而且可以使上下文的连贯性得到进一步加强。例如，The frequency，wave length and speed of sound are closely related. 频率、波长和声速三者是密切相关的。（增加概括词）

8. 增加关联词

英语中关联词的使用不如汉语中使用得那么频繁，英语原句有时可利用某些如不定式、分词和独立结构等语法形式表达某些成分之间的逻辑关系，但汉译时一定要选用合适的关联词，准确表达其确切含义。例如，Heated，water will change to vapor. 如水受热，就会汽化。

（二）减译法

减译法又称省略法，是与增词法相对应的翻译方法。一般来说，汉语较英语简练。英译汉时，许多在原文中必不可少的词语如果原原本本地译成汉语，就会成为不必要的冗词，译文会显得十分累赘，因此减译法在英译汉中使用得非常广泛，其主要目的是删去一些可有可无、不符合译文习惯表达法的词语，如实词中的代词、动词的省略，虚词中的冠词、介词和连词的省略等。

1. 省略代词

(1) 省略人称代词。英语中通常每句都有主语，因此人称代词往往会作为主语多次出现。而汉语中如果后句和前句的主语相同，就可以省略主语，所以英语的人称代词译作汉语时，常常可以省略。例如，We live and learn. 活到老，学到老。

(2) 省略作宾语的代词。英语中有些作宾语的物主代词，不管前面是否提到过，翻译时往往都可以省略。例如，I went up to him and held out my hand. 我向他走过去，伸出了手。

2. 省略非人称和强调句中的 it

it 用于非人称和强调句中，汉译时往往可以省略不译。

(1) 省略非人称用法的 it，例如，Outside it was pitch dark and it was mining cats and dogs. 外面一团漆黑，大雨倾盆。

(2) 强调句中用法的 it，例如，It was she who had been wrong. 错的是她。

3. 省略连接词

英语重形合，句中各意群、成分之间都用适当连接词连接，组成句子。句子与句子之间也由连接词组成复合句，形式上比较严谨；汉语则重意合，即更多地依靠语序直接组合成复合句，用逻辑意义将其句子成分、句与句贯穿起来，结构灵活、简洁。因此，英译汉时很多情况下不必把连接词译出。

(1) 省略并列连接词。例如，Early to rise and early to bed makes a man healthy. 早睡早起使人身体健康。

(2) 省略表示原因的连接词。英语因果句中一般用连接词表示原因，而汉语往往通过词序先后来表示因果关系，“因”在前，“果”在后。因此，英译汉时往往可以把原文中这种连接词省略不译。例如，As it is line, you had better go

home．时间已不早了，你最好回家去。

(3) 省略表示条件的连接词。表示条件的连接词 if，一般译为“假如”“如果”等，但在日常口语体或文言文结构中，往往可以省略不译。例如，If winter comes，can spring be far behind？冬天来了，春天还会远吗？

(4) 省略表示时间的连接词。表示时间关系的 when 和 as 等，汉译时一般用“当……时”，或仅用“时”。但如果汉语时间先后次序明显，为了简略起见，“当……时”或“时”往往可以省略。例如，The day when he was born remains unknown．他出生的日期仍然不知。

4．省略冠词

英语中凡是指全体、天地间唯一的事物、最高级形容词及特定的普通名词，一般都要在前面加定冠词（指全体亦可加不定冠词或用复数名词），根据汉语习惯，皆不必译出。例如，A camel is much inferior to an elephant in strength．骆驼的力量不如大象。

5．省略介词

通常介词在不同的情况下会代表不同的意思，如 in，on，at 等词便是，千万不可一见这些词就一视同仁。例如，Suddenly，there came a knock to the door．突然响起了敲门声。

第二节　句子的翻译

英语文体各异，句型复杂，长句的出现频率高，逻辑性强，给译者增添了许多困难。然而，英语语言具有“形合”的特点，无论多长、多么复杂的结构，都是由一些基本的成分组成的。译者首先要找出句子的主干结构，弄清楚句子的主语、谓语和宾语，然后再分析从句和短句的功能，分析句子中是否有固定搭配、插入语等其他成分。最后，再按照汉语的特点和表达方式组织译文，这样就能保证对句子的正确理解。

一、英汉句子比较

英汉两种语言分属两个不同的语系，前者属于印欧语系，后者属于汉藏语系，因此，两者在句子结构上存在着很大的差异。对比两者的异同，找出其中的差异及转换的规律是一项大有可为的研究。

（一）英汉句子种类及类型

英汉两种语言中的句子种类及类型有同有异，下面分别论述。

1．英语句子种类及类型

句子是由词按语法规律构成的语言单位，用以表达一个完整的、独立的意思。句子是构成篇章的基本单位。句子的种类一般是按使用目的划分的，主要有陈述句、疑问句、祈使句和感叹句。句子的类型是按结构划分的，可大体分为简单句、并列句和复合句三种。

英语句子的建构是遵循一定规则的，并非胡编乱造。如“I was very happy to get your letter. ”讲汉语的人只需说“接到你的信，非常高兴”，就可以把意思清楚地表达出来。然而，懂得英语的人都知道这个英语句子里的“I”是绝对不能省掉的，省掉它，不仅句子的结构不完整，意思也不清楚。人们马上会问：“Who Was very happy？Who got the letter？”由此可见，英语句子的建构必须遵循语言内部的固有规则，这些规则一般可以通过句子的基本结构来体现。

句子的基本结构也就是基本句型。英语的基本句型主要有六种。一个句子，无论有多长、多复杂，都超不过这些基本句型的范围。哪怕是那些变化多端、一时难以辨认的变异结构，在经过认真分析、琢磨、追根溯源之后，也总能将其归入这六种基本句型中的某一种，真是万变不离其宗。这六种基本句型就是：

(1) 主语+谓语（S+V）：Shirley didn’t exercise regularly.

(2) 主语+谓语+宾语（S+V+O）：She opened the curtains to let the sunlight in.

(3) 主语+谓语+双宾语（S+V+O+O）：They made the boy a new coat.

(4) 主语+谓语+复合宾语（S+V+O+O）：My mother told me to send you the money.

(5) 主语+系动词+表语（S+V+P）：She has been absent from school for about three days.

(6) There be+主语（V+S）：There are many English story-books in the library.

这六种基本句型中每一个句子成分都是构成该句型的要素，是句子的主要成分，缺一不可。

在英语句子中，除了主要成分外，还有一些起修饰作用的次要成分，主要为定语及状语等。这些句子成分虽然被称作次要成分，但就其作用来说，并非不重要。在很多句子中，它们都是必不可少的，离开它们，句子就会变得语义不清，甚至毫无意义，如上面列举的六种基本句型里的“regularly”“to let the sun light in”“for about three days”“many English”“in the library”等。很多句子一旦离开这些次要成分，就会像一棵棵原本枝繁叶茂的大树被削掉了树冠和枝丫，只剩下一根光秃秃的主干一样。任何一门语言都不可能仅靠主要成分来构句，不可能每句话都像“I like it”那样简单。可以说，主要成分构成句子的框架结构，而一个整体建筑不能仅有框架。所以，次要成分跟主要成分一样，都是表述思想的必需材料。

所谓简单句，是指一个句子里面只含有一套构成句子的基本结构，可以属于前面所述六种基本句型中的任何一种。句中各成分相互依存，缺一不可，而且，任何一个句子成分都不可能单独构成一个完整的句子。此外，英语句子里会经常出现两个（或两个以上）主语共同拥有一个谓语，两个谓语共同拥有一个主语，或两个谓语共同拥有一个宾语等情况，这类句子仍然属于简单句的范畴，因为两者中的任何一个都不能单独构成一个完整的句子成分（更不能单独成句），必须依附于另外一半，两者并存。

有简单句作基础，并列句的结构是很容易理解的。它是通过连接词把两个或两个以上互不依从的简单句（在并列句中称之为分句）连接起来构成的句子。这种起连接作用的词称作并列连词。常见的并列连词有：“and，or，either…or，neither…nor，not only…but also，as well as，both…and…”；此外，还有表示转折关系的“but，yet，however，never，the less”；表示因果关系的“so，for， therefore”等。有些并列句的两个分句间不用连词，而用分号，个别时候也用逗号。从理论上说，一个并列句可以拆分成两个简单句。但从意思上看，拆开之后的两个简单句很可能关系松散，或语义不明；而连在一起，则不仅关系紧密，而且逻辑关系清楚，因为这些连接词大多本身具有词义。

如果一个句子中的某个（或某些）句子成分不是由单词或短语而是由另一个句子来充当的，这个句子就是复合句。这种仅充当某种句子成分的句子叫作从句，它所依附的主干结构叫作主句。从句可根据其作用，分为主语从句、宾语从句、表语从句、同位语从句、定语从句和状语从句等。复合句中至少含有一个从句。那些较长的复合句中还常常出现“从句本身还是从句”的现象，也就是说，从句里面套着从句，一层又一层，有时还要外加各类短语，致使整个句子的结构变得十分复杂。但只要把握住了句子的基本结构，也就是熟知基本句型，再长再复杂的句子也会厘清头绪，不会出现理解上的混乱。

应该说，英语句子的建构是非常严谨的，有时甚至一丝不苟。在翻译中，熟谙英语的构句规则对理解原文会起到很大的帮助作用。

2. 汉语句子种类及类型

汉语的句子有单、复句之分。单句可以从不同的角度来分类。从句子所表达的内容和句子的语气来看，单句可以分为陈述句、疑问句、祈使句和感叹句四类。从句子的语法结构来看，单句又可分为完全句、省略句、无主句和独语句四类。复句是由两个或两个以上在意义上有某种联系的单句合起来构成的比较复杂的句子。构成复句的单句叫分句，这些分句必须有一定的联系，这种联系可以用语序或关联词语来表示。例如，风一吹，朵朵白云从我身边漂浮过去，眼前的景物渐渐都躲到夜色里去；只要在什么时候再听到那种歌声，那声音的影片便一幕幕放映起来；歌声拖得很长，因此听得很远很远。

复句的结构比单句复杂，意义和容量也较大。复句的类型是依据分句之间意义上的不同来划分的，一般分为联合复句和偏正复句两大类。联合复句各个分句意义上的联系是平行的，可用来表示并列关系、递进关系、承接关系、选择关系和取舍关系等。例如，从来就没有什么救世主，也不靠神仙皇帝；他不仅会写小说，还会画画；村人看见赵七爷到村，都赶紧吃完饭，聚在七爷家饭桌的周围；不是你去，就是我去；咱们宁可受点累，也不要再麻烦他了。

偏正复句各个分句意义上的联系是有主次之分的，表示主要意义的分句叫作正句，表示次要意义的分句叫作偏句，通常偏句在前，正句在后。偏正复句按偏句和正句之间意义上联系的不同可以分为转折复句、条件复句、假设复句、因果复句、目的复句等。例如，他的话太感动人了，可惜我不能够照样说出；无论大小，都各有长处和短处；如果你肯让我们抄写，我们很乐意的哪；既然你这么说了，我就跟你去一趟吧；你快去吧，免得他等急了。

（二）英汉句子结构

英汉两种语言在句法结构上存在很多不同之处。本章只侧重研究三种最主要的结构：形合与意合结构、被动结构和变异结构。

1．形合与意合结构

英汉两种语言之间存在着很大的差异。仅就句子结构来说，一般认为英语较为严谨，汉语较为简明。这是因为英语注重语言形式上的接应，其句子的组成大多采用“形合法（hypotaxis）”；汉语注重行文意义上的连贯，其句子组成大多采用“意合法（parataxis）”。研究形合与意合，对提高英汉两种语言之间的互译质量有着不可忽视的作用。

所谓“形合”，就是借助语言形式手段来实现词语或句子间的连接，也就是在句子的各个成分（包括词、词组、短句）之间使用相应的连接词或关联词语，以表示其相互间的关系。如“The gate was opened，and the audience came crowding in”中的“and”；“I will go to find him after a while”中的“after”；“It looks like a storm，so let’s gather up our things and go home”中的“so”；“虽然我使尽全力，但是仍然搬不动这块石头”中的“虽然……但是”；“即使你去了那里，也不会有什么结果”中的“即使”；“假如我是你的话，我就不会这样做”中的“假如”等。这些关联词语把句子间或句子中各成分间的关系表示得一清二楚，这样的句子就叫作形合句。

形合句的主要特点是措辞严谨、语义明朗，它可以使语言内部的逻辑关系更清楚，可以使言语间的强调意味更明确。在英语中，那些属于句子或句子以下层面的比较短小的句式多为形合句。这是因为英语较为稳定而多样的形式手段控制着语言要素间的关系，汉语的情况则相反。另外，汉语在较长的语言片段或句式中多使用形合句，尤其在科技文中，不使用相应的关联词语，即不用形合句，往往很难达到一定的效果。

所谓“意合”，是指在句子结构中不借助语言形式手段，即关联词语等，而借助词语本身或句子所含的逻辑关系来实现句子间或句子中各成分间的连接，句子问或句子中各成分间的关系往往以语序的先后来表示。意合句是一种独立的、固有的句子，是意义上和句法上统一的整体。它有着自己的一套句法联系手段，如采用词语顺序、词汇接应、结构平行、形式重叠以及重复、推理等。如汉语中的“别说了!现在说啥都没用!”“给我我也不要”“巧妇难为无米之炊”“知彼知己，百战不殆；不知彼而知己，一胜一负；不知彼不知己，每战必殆”；英语中的“The earlier，the better”及“The more you give，the more you will get”等。这些句子根本就不需要“不管”“即使”“假如”或“if”之类的连接词语，因为句中隐含的逻辑关系已经说明了这层意思。可以说，意合句都比较精练。

意合句的主要特点就是短小精炼，因为它不靠连接词语来完成句子间或句子中各语言成分间的衔接。汉语重意合，所以短句用得多，其中有很多是对偶工整、节奏铿锵、朗朗上口的意合句，真是干脆利落，毫不拖泥带水，而且便于记忆。这些意合句大多是形合句的紧缩形式，是在形合基础上的发展、提高和升华。一句话，它简直就是语言经过长期使用而锤炼出来的精华。英语中也有一些意合句，主要体现在一些片语句式、非人称主语句式和介词短语取代从句的句式中。英语中较长的语言片段也往往采用意合法。

2．被动结构

英汉两种语言都有主动句和被动句。所谓主动句和被动句就是表示主语和谓语之间关系的形式和手段。但同一语法术语在两种语言中所代表的内容并不完全相同。英语中的被动句是指具有被动语法意义的动词短语作谓语的句子，即谓语中含有助动词 be+及物动词的过去分词，这是被动语态的标记。而汉语中的动词没有这种标记，所以，其动词也就没有语态之分，凡是以主语为施动者的句子就是主动句，反之，以主语为受动者的句子就是被动句。

一般说来，无论在英语还是汉语中，以施动者为谈话中心时，多用主动句，以受动者为谈话中心时则用被动句。

英语被动语态的使用频率很高，几乎所有的及物动词和部分由不及物动词加介词构成的短语均可用于被动结构。只要说不出行为者是谁，或不想说，或不必说，或以受动者为谈话中心，或为了使上下文意思连贯等都可以使用被动语态。汉语中的“被”字句并非等同于英语中的被动语态，它仅仅是表示一种被动关系的句子，因为除了“被”字句外，还有判断句、“把”字句等，这些句式也都可以表示被动关系。在英汉互译中，被动句的转换可谓五花八门、灵活多变。

我们主要从英汉互译的角度分析两种语言中被动结构的异同。

(1) 相同之处：当施动者不明或不必说出的时候，两种语言都用被动句表示。如：

例 1：All his property was seized，and finally his German citizenship was taken away.

他的财产全部被没收，最后，还剥夺了他的德国公民身份。

例 2：He has been sent to work in London.

他被派到伦敦工作去了。

例 3：这种方法被认为是必要的。

This method is thought necessary.

当强调被动动作或受动者时，两种语言都用被动句表示。但由于汉语的动词无词型变化，只能用某些词语来突出被动意义（有时不用），其中最常见的除了“被”字以外，还有“遭”“受”“为”“挨”“让”“给”“获”等。

(2) 相异之处：英汉两种语言分属不同的语系，它们自身在构句方面的客观事实就是“异大于同”，因而其被动句的相异之处也是大于相同之处的，所以，还需把重点放在相异之处上。

英语的被动句有形态标记，汉语则没有。所谓形态指动词的“态”，即时态、语态。英语动词有时态和语态的变化，时态表示动作发生的时间，是属于时间概念的，这里不做详论；而语态是表示施动与受动概念的，分为主动语态和被动语态两种。汉语动词从时态上看，没有什么固定的表现形式，在表示主动、被动意义时也不受形式标记的约束，这是由汉语本身的语法所决定的。汉语中主语和谓语动词之间的施事—受事关系可以用多种不同手段来表达。

3．变异结构

(1) 倒装结构。英语的语序主要包括自然语序和倒装语序两种。使用倒装语序主要有两种情况：一是出于句法结构的需要；二是出于修辞的需要。

句法性倒装是出于英语句法结构的需要而采用的一种倒装形式，不倒装就不符合句法规范。这类倒装主要包括：多数疑问句以及表示让步、假设、重复关系的句子及某些以否定词等开头的句子。这里主要讨论表示让步、假设、重复关系及某些以否定词等开头的倒装句。

(2) 间隔结构。英汉两种句子里，都会经常见到两个或两个以上的本应连在一起的成分之间插进了其他成分，使正常的句子结构出现间隔，语法学家称之为间隔结构。如“Mr. Brown thinks that family life，even if full filling，is not enough without friends.（布朗先生认为，没有朋友的家庭生活，即使很完整也是不够的）”但两种语言中的间隔结构并不是一一对应的关系。从上面的例句中可以明显地看出语序上的差异，这是由两种语言的不同构句和表达方式决定的。

(3) 省略结构。省略就是在上下文提供明确信息的情况下，省略句子中的某些成分。它不但是一种“以无为有”的最简便的表达手法，而且是一种简便至极、“虽无胜有”的修辞手段。省略句虽然省去了句子语法构造所需要的组成部分，但是仍能表达其完整的意义。

在英汉两种语言中，随处都可能见到省略结构，因为这种结构能给人一种简洁的美感，如英语说：“Day dreaming again，Barb？”而不必非得加上“You are”，汉语也是一样，说：“又在想入非非啦，巴勃？”而不用加个“你”字。有些省略句在英语里用起来很自然，在汉语里则不宜省略。英语尽量避免重复，能省则省，而汉语却不怕重复，在很多情况下，不重复就不能明确达意。

二、被动语态翻译

英语中被动语态使用范围很广，凡是在不必说出主动者、不愿说出主动者、无从说出主动者或者是为了便于连贯上下文等情形下，往往都用被动语态。汉语中虽然也有被动语态，但是使用范围狭窄得多。英语中被动语态的句子，译成汉语时，很多情况下都可译成主动句，但也有一些可以保留被动语态。

（一）转换成主动语态

在有些情况下，可变换语态，将原来的被动语态转换成主动语态，使译文明确易懂。

1．A contingency plan against bankruptcy was hastily drawn up.

译文：防止破产倒闭的应急计划很快制订出来了。

2．The special challenge that advertising presents can be illustrated by a statement made by the president of a major advertising agency in New York.

译文：纽约一家主要广告公司的总裁所做的陈述，可以阐释当前广告业所面临的特殊困难（原文中被动语态译为主动结构，原文中的主语在译文中作宾语）。

（二）保留被动语态

在进行英译汉时，语态不变，仍然保持原来的被动语态，但译者常常需要在主谓语之间加上一些汉语中表示被动的介词，如“被……”“给……”“受……”“止……”“为……所……”“遭……”等。例如：

1．Competition in business is regarded to be a means to earn money.

译文：商业竞争被认为是一种挣钱手段。

2．Although Americans today are likely to think that Alger's stories are too good to be true，they continue to be inspired by the idea of earning wealth and success as an entrepreneur who makes it on his own.

译文：尽管今天美国人有可能认为阿尔杰的故事好得令人难以置信，但是他们依然为那种自力更生赢得财富和成功的企业家精神所鼓舞。句中的“they continue to be inspired by the idea of earning wealth and success as an entrepreneur who makes it on his own”采用的是被动语态，在翻译成汉语时，可以保持原来的语态，只是在主谓语之间加上汉语中表示被动的介词“为……所”就可以了。

三、定语从句的翻译

英语中，定语从句分为限制性从句与非限制性从句两种，在句中的位置一般是在其所修饰的先行词后面。限制性定语从句与非限制性定语从句的区别主要在于限制意义的大小。而汉语中定语作为修饰语通常在其所修饰的词前面，并且没有限制意义的大小之分，因此，限制与非限制在翻译中并不起十分重要的作用。英语中多用结构复杂的定语从句，而汉语中修饰语不宜臃肿，所以，在翻译定语从句时，一定要考虑到汉语的表达习惯。如果英语的定语从句太长，无论是限制性的还是非限制性的，都不宜译成汉语中的定语，而应用其他方法处理。英语中单个词作定语时，除少数情况外，一般都放在中心词前面；而较长的定语如词组、介词短语、从句作定语时，则一般放在中心词后面。在了解英汉两种语言差异的基础上，以下介绍几种适合商务句子的翻译方法。

（一）前置法

前置法即在英译汉时把定语从句放到所修饰的先行词前面，可以用“的”来连接。既然定语从句的意义是作定语修饰语，那么在翻译的时候，通常把较短的定语从句译成带“的”的前置定语，放在定语从句的先行词前面。在商务翻译实践中，人们发现前置法比较适合翻译结构和意义较为简单的限制性定语从句，而一些较短的具有描述性的非限制性定语从句也可采用前置法，但不如限制性定语从句使用得普遍。例如：

1．The role of selling in our society is to identify，and provide the goods and services that will satisfy，the needs and wants of the consumers.

译文：销售在社会中的作用就是识别并提供那些能够满足消费者需求的商品和服务。

赏析：在这句话中，限制性定语从句 that will satisfy the needs and wants of the consumers 用来修饰其名词中心词 goods and services。该定语从句比较短，我们在翻译时往往将其前置到先行词前面，使译文符合汉语的表达习惯。

2. In an urban culture，where mobility is valued，and land is not an issue，female talents are more emphasized.

译文 1：在现代城市人的观念中，价值就是流动性，与土地无关，人们更加注重的是女性的才能。

译文 2：在重视流动性且土地不成为其问题的城市文化中，女性的才能更受重视。

赏析：该句中“where mobility is valued，and land is not an issue”为非限制性定语从句。非限制性定语从句通常有两种译法，一是译成前置结构放在所修饰的先行词前面；二是后置或译成并列的分句，或单独成句。译文 1 采用后置法，按照英文原文的顺序翻译，令人感觉意义不明。而译文 2 译为“的”字结构，置于先行词之前，更符合汉语表达习惯。

（二）后置法

后置法即在英译汉时把定语从句放在所修饰的先行词后面，作为并列分句。英语的定语从句结构常常比较复杂，如果译成汉语时把它放在其修饰的先行词前面，会显得定语太臃肿，而无法叙述清楚。这时，可以把定语从句放在先行词后面，译成并列分句，重复或者省略关系代词所代表的含义，有时还可以完全脱离主句而独立成句。例如：

1. The importer can sell the goods to a new buyer while they are being carried by means of negotiable shipping documents which are very convenient for use.

译文 1：进口商可以通过使用起来非常方便的可转让的运输单据将货物在运输途中卖给新的买方。

译文 2：进口商可以通过可转让的运输单据将货物在运输途中卖给新的买方，这类可转让单据用起来非常方便。

赏析：译文 1 中将“which”引导的限制性定语从句前置，显得累赘拗口；而译文 2 采用后置的方法，重复先行词“negotiable shipping documents”，使得译文表意明确。

2．The fact that these early entrepreneur built great industries out of very little made them seem to millions of Americans like the heroes of the early frontier days who went into the vast wilderness of the United States and turned the forests into farms，villages and small cities.

译文：这些早期的企业家几乎白手起家却创造了宏大的产业，在千百万美国人看来，他们恰如早期拓荒时代的英雄，走进美国一望无际的荒野，将森林变成了农场、村庄和小城镇。

赏析：在这句话中，限制性定语从句“who went into the vast wilderness of the United States and turned the forests into farms，villages and small cities”用来修饰其先行词“heroes of the early frontier days”。该定语从句较长，如果将其前置译成定语，译文比较累赘，也使人很难理解。在这种情况下，将定语从句从引导词 who 这里与主句拆开来，译成并列的分句并省略先行词，译文简洁明了。

（三）融合法

融合法即把主句和定语从句融合成一个简单句，其中的定语从句译成单句中的谓语部分。由于限制性定语从句与主句关系较紧密，所以，融合法多用于翻译限制性定语从句，尤其是“there be”结构带有定语从句的句型。例如：

1．We are a nation that has a government—not the other way around.

译文：我们这个国家有一个政府，而不是倒过来——政府有一个国家。

2．Still，XianDai executives returned home with growing fears that their Chinese rivals are closing the technological and design gap with South Korea—a development that could be disastrous for the company.

译文：然而，现代汽车的高管回到韩国后，越来越担心中国竞争对手正在科技和设计方面缩小与韩国的差距，对该公司而言，这种发展可能是灾难性的。

赏析：上述两例均含有限制性定语从句。主句和定语从句关系密切，但强调的重点在定语从句。翻译时将主语译为名词词组，将定语从句译为谓语部分，关系词 that 省略，构成主谓结构。

四、状语从句的翻译

英语的状语从句在句中可以表示时间、地点、原因、条件、让步、方式、比较、目的和结果等意义。表示不同意义的状语从句在句中分别由不同的从属连词引导。英汉语言中状语从句位置不同。英语中状语从句一般处在宾语后的句尾，即主+谓+宾+状，但有时也出现在句首，而汉语中状语的位置比较固定，汉语中状语往往位于主谓语中间，即：主+状+谓+宾；或者为了表示强调，状语也常常位于主语之前。因此，人们在进行英译汉翻译时要遵循汉语的表达习惯，相应进行语序的调整，不能过分受制于原文的语序和结构。例如：

You may also need resumes and appropriate cover letters if you decide to send out unsolicited applications to the companies you have discovered in your initial search.

译文：你如果决定向那些首次搜寻中所发现的公司主动投寄求职信的话，也许还需要简历和相应的自荐信。

赏析：在这句话中，if 引导条件状语从句，译文将条件状语从句前置到主谓语之间。

When the levels reached 6 percent，the crew members would become mentally confused，unable to take measures to preserve their lives.

译文：当含量达到 6%时，飞船上的人员将会神经错乱，无法采取保护自己生命的措施。

赏析：译文中时间状语从句置于句首。

The Greeks assumed that the structure of language had some connections with the process of thought，which took root in Europe long before people realized how diverse languages could be.

译文 1：希腊人认为，语言结构与思维过程之间存在某种联系。这个观点早在人们认识到语言的千差万别之前，就已在欧洲扎根了。

译文 2：希腊人认为，语言结构与思维过程之间存在某种联系。这个观点在人们充分意识到语言是多么的形态万千之前，早就在欧洲扎根了。

赏析：时间状语从句“long before people realized how diverse languages could be”，翻译成汉语的时间状语。译文 1 比译文 2 通顺，且更符合汉语表达习惯。

第三节　语篇的翻译

句子是语法分析的理想单位，但在运用语言进行实际交往中，语言的基本单位则是语篇。语篇是由句子组建而成的，它是人们运用语言符号进行交往的意义单位，故可长可短。一部长篇小说是一个语篇，一个句子或短语，甚至一个词，都能构成语篇。因此，译者一定要把握好对语篇的翻译。

一、英汉语篇比较

语篇结构是某一特定文化中组句成篇的特定方式，是一种约定俗成的、相对稳定的语言使用习惯，是文化因素在语言运用过程中长期积淀的结果。语篇是由段落组成的，段落是由句子组成的。语篇要求内容一致、意义连贯，要求用有效的手段将句子、句群、段落连成一个有机的整体。

与句子相比，篇章具有自己的特点。它不是一连串孤立句子的简单组合，而是一个语义上的整体。从语言形式上看，篇内各句、段之间存在着粘连性，如连接、替代、省略、照应；从语义逻辑上看，全篇通常有首有尾，各句段所反映的概念或命题具有连续性，而不是各不相关。每个句子都起着一定的承前启后的作用，句与句、段与段的排列一般都符合逻辑顺序。

（一）英语语篇结构

英语语篇一般是由几个相互关联的段落组成的，每一段阐述一个要点。文章结构具有系统性、严密性的特点。一篇结构完整、脉络清晰的文章应具有三个主要的组成部分：引言段、正文和结尾段。

引言段位于文章的开头，其最基本的作用是引导读者阅读文章的其余部分。引言在全篇文章中所占的比例较小，用于说明文章讨论的是什么问题，将要谈论哪些问题等。引言段一般包括两部分：概括性的阐述和主题的阐述。概括性的阐述是指引出文章的主题，简要提供有关主题的背景信息，以引起读者的注意，便于读者了解文章论题的由来，对文章的意图和意义产生兴趣。文章主题的阐述就像段落的主题句一样，阐明文章的主题。它包含了正文具体论述扩充的内容，同时也表明作者的态度、意见、观点。与段落主题句相比，主题的阐述更为宽阔，它表达整篇文章的中心思想，并可能表明整篇文章的组织构思方法。主题阐述常位于引言段的结尾处。

文章的正文也称主体，是文章的核心，位于引言段之后。正文一般由一个或多个段落组成，在文中占较大篇幅。作者在正文的写作中围绕引言部分所提出的主题选用相关细节和事实依据说明和解释主题并深化主题，使主题思想得到升华。主题一般由若干个次主题组成，每个段落阐述一个次主题，所以正文中段落的数目一般由次主题的数目决定。正文部分实际上就是通过对次主题的逐一论证达到对主题的论证的。正文部分的逻辑性，如正文内容的安排顺序和层序等，都是依据主题对各个次主题的统帅，次主题对事实、数据、细节的统帅体现出来的。

结尾段位于文章的末尾，是整篇文章不可缺少的组成部分，是要点总结。它总结归纳文章正文阐述的观点，并重申主题，与引言段首尾呼应。由于这是作者展示论点的最后机会，所以结尾段应该警策有力而又耐人寻味。

英语语篇思维模式的特点是：先总括，后细节；先抽象，后具体；先综合，后分析。作者往往直截了当地声明论点，然后逐渐地、有层次地展开阐述，非常注重组织、注重理性，主从层次井然扣接，句子组织环扣盘结。

例：It’s rare for a European to be honored in the way that rock art expert George

Chaloupka was recently by an aboriginal. “He fell in love with our country, our culture and especially our rock art,” said Mick Anderson, the Aboriginal chairman of Kakadu National Park’s board of management. “Perhaps More importantly, he also fell in love with our people. This was based on respect for our people and their knowledge. In turn, George has our respectmore than any other European I know.”

Alderson’s praise was read out at a party to mark 65-year-old Chaloupka’s retirement from the Northern Territory Museum and Art Gilllery Chaloupka was the dedicated mature who discovered thousands of previously unidentified rock an sites across Amhem Land. From then, he formulated the definite time sequence of those paintings, lending evidence to a much earlier Aboriginal Occupation of Australia than previously imagined. He fought the over exploitation of the mineral-rich region. resulting in the establishment of Kakadu National Park. His work recognized the art on the rock walls as the world’s oldest existing record of human expression, created thousands of years before the first designs were painted on the torch-lit cave walls of Europe.

(二) 汉语语篇结构

汉语语篇的思维模式既包括英语语篇的思维模式，又具有自己的独到之处。总体来说，它是比较灵活的，其论点的提出取决于文章思路的安排，也就是说，可根据文章的内容、性质和论证的方式与方法等因素在最恰当的地方提出论点。根据论点在文章中的位置，汉语语篇模式可分为文首点题、文中点题和文尾点题等。

例 1：近年来，在妇女生活方面发生了最显著的社会变革。到现在，妇女专门在家照看孩子的比例已明显减少。而 19 世纪末结婚的妇女当时可能正值二十几岁，一生生过七八个孩子，其中有四五个只活到 5 岁就夭折了。到最小的孩子长到 15 岁的时候，做母亲的就已经年过半百，也许还能活上 20 年。在此期间，风俗习惯、机遇和健康等因素使她在一般情况下，不大可能得到有收入的工作。如今，妇女结婚时的年龄已趋年轻化，生育的孩子也少了。通常，最小的孩子长到 15 岁时，母亲才 45 岁，还有望再活 35 年，所以，很可能在 60 岁退休前得到有

收入的工作。即使在家照料孩子，她的劳动强度也因为有家用电器和方便食品而有所减轻。（文首点题）

例 2：记得有这样一部影片，片名忘记了，里面演了四个人在接受警方讯问，内容关系到一个被谋杀的女人的性格和生活方式。四个人都很熟悉这个女人，但是，这个女人向他们每个人展示的都是自己不同的一面。那个爱她的男人看到的是她这个人有趣、聪明和奢侈。那个跟她是同学的女孩说她矜持寡言、交友慎重，而且有点吝啬。她的老板（这女人是他的秘书）觉得她工作努力，但愚钝，是最不能使人产生激情的女人，更涉及不到谋杀案。她的女房东说她很随和、容易相处，但邋遢，不把金钱放在心上。她说："我总得提醒她交房租，但我喜欢她。她总是高高兴兴的，有谁遇到了难处，她总是乐意帮忙。"这部电影的意义并不在于揭示谁是谋杀者，而在于如何展示我们大家都在遵循的生活方式：我们都在向不同的人展示自己不同的方面。对我们大多数人来说，这并不是有意识的欺骗，而是一种变色龙般的应变能力，是一种由于生活在安全感不断受到威胁的社会中而采取的自我保护形式。（文中点题）

英汉两种语言在语篇结构方面有许多相似之处。在语篇的表现形式上，两者都很灵活、多样。无论是英语的语篇还是汉语的语篇都可长可短，而且都具备完整的意义和交际功能。在语篇的结构上，两者都要求具有艺术性，也就是说，在谋篇布局的各个方面，包括开头结尾的照应、段落的安排、内容的详略等，作者都要深思熟虑，精心谋划。

二、语篇分析在翻译中的运用

语篇分析（Discourse Analysis）是美国语言学家哈里斯（Z. Harris）于 1952 年首先提出来的一个术语，后来被广泛用于社会语言学、语言哲学、语用学、符号学、语篇语言学等领域。自从翻译界将"语篇分析"这个语言学研究的成果嫁接到翻译学科，翻译界对"上下文"的认识有了一个飞跃，从感性上升到理性，从经验上升到理论。掌握了"语篇分析"理论，译者就能在跋涉译林时，既看到树木，也看到整片森林；就能将原文的词、句、段置于语篇的整体中去理解、去翻译。这样，译文的整体质量就有了很大的提高。

语篇分析的基本内容包括衔接手段、连贯、影响语篇连贯的因素，其中对译者而言，最为重要的是衔接与连贯。

句子或句群不是杂乱无章地堆砌在一起构成段落与篇章，相反，它们总是依照话题之间的连贯性和话题展开的可能性有规律地从一个话题过渡到另一个话题的。篇章的存在要求其外在形式和内在逻辑，即衔接和连贯具有一致性。作为语言实体，段落与篇章在语义上必须是连贯的，而连贯性（coherence）在很大程度上需要靠语内衔接（cohesion）来实现。连贯是首要的，衔接要为连贯服务。翻译工作者为了使译文准确、通顺，就必须处理好衔接与连贯问题。在英译汉实践中，译者应该首先吃透原文，了解作者怎样运用衔接手段来达到连贯目的，然后根据英汉两种语言在形式与逻辑表达上的差别通权达变。

（一）语篇的衔接

衔接是篇章语言学的重要术语，是语段、语篇的重要特征，也是语篇翻译中的一个重要环节。衔接的优劣，关系到话语题旨或信息是否被读者理解和接受。所谓语篇衔接，就是使用一定的语言手段，使一段话中各部分在语法或词汇方面有联系，使句与句之间在词法和句法上联系起来。例如：

The human brain weighs three pounds，but in that three pounds are ten billion neurons and a hundred billion smaller cells. These many billions of ceils are interconnected in a vastly complicated network that we can't begin to unravel yet… Computer switches and components number in the thousands rather than in the billions.

人脑只有三磅重，但就在这三磅物质中，包含着一百亿个神经细胞，以及一千亿个更小的细胞。这上百亿、上千亿的细胞相互联系，形成一个无比复杂的网络，人类迄今还无法解开其中的奥秘……电脑的转换器和元件只是成千上万，而不是上百亿、上千亿。

在上例中，billion 一词重复出现了四次：ten billion neurons，a hundred billion smaller cells．these many billions of cells，in the billions。很显然，前两次所说的是不同的两种细胞，而第三次是对前两次所说的两种细胞的统称，而第四次是指那两种细胞的数量。因此，在翻译时要对 billion 一词加以注意，应将英语的数目概念改成汉语的数目概念，照顾语篇的连贯，切忌把 These many billions 译成“这许多十亿”和把 in the billions 译成“数以十亿计”，这样会切断语篇的连贯性，让读者不明所以。

句组中的各个句子之间、句组与句组之间需用不同的衔接手段（cohesive devices）来体现语篇结构上的黏着性和意义上的连贯性。语篇的衔接手段大体可分为词汇手段、语法手段两大类。

1．词汇手段

语篇的连贯可以通过词汇衔接手段予以实现。韩礼德和哈桑认为，英语词汇衔接关系可分为两类：同现关系（collocation）和复现关系（reiteration）。此外，运用逻辑连接法也可实现语篇的连贯。

(1) 词语之间的同现关系。同现关系指的是词语在语篇中同时出现的倾向性或可能性。一些属于同一个“词汇套”（lexical set）或同一个“词汇链”（lexical chain）的词常常一起出现在语篇中，衔接上下文。例如 thirsty 一词常会使人们联想到 drink，water，soda water，mineral water，tea，coffee，coke，beer 等词，这些词可能会在语篇中同时与 thirsty 一词出现。除了这种词之外，反义词也常可用来构成词语之间的同现关系。反义词的两极之间可以存在表示不同程度或性质的词语，如在 hot 和 cold 之间尚有 warm，tepid，lukewarm，cool 等词。

例：John is a good teacher．But he is a bad husband．

约翰是一位出色的老师，但他不是好丈夫。

上述例子中的 good，bad 这一对反义词就构成了两句话之间存在的同现关系。

此外，互补词也能确立词语之间的同现关系。互补词语在意义上，则是非此即彼、互相排斥的，如 alive 和 dead，single 和 married，husband 和 wife，stand up 和 sit down，boy 和 girl 等。

(2) 词语之间的复现关系。韩礼德和哈桑认为复现关系主要是通过反复使用关键词、同义词、近义词、上义词、下义同、概括同等手段体现的。词语的不同复现手段往往能显示不同的文体或风格特征。他们通过下列例子证明了自己的观点。

原句：There’s a boy climbing that tree．有一个男孩正在爬那棵树。

① The boy’s going to fall if he doesn’t rake care．那个男孩将会掉下来如果他不小心。

② The child’s going to fall if he doesn’t take care．那个孩子将会掉下来如果他不小心。

③ The lad’s going to fall if he doesn’t take care．那个少年将会掉下来如果他不小心。

④ The idiot’s going to fall if he doesn’t take care．那个笨蛋将会掉下来如果他不小心。

上例中，①②③④是对原句的复现。①是 boy 一词复现，②中的 child 是 boy 一词的上义词，③中的 lad 是 boy 的同义同，④中的 idiot 属于概括词，口语中可泛指人（常含贬义色彩或熟稔口吻）。

(3) 运用逻辑连接语。逻辑连接语（logical connectors）指的是表示各种逻辑意义的词、短语或分句，包括以下几种。

① 表示句子之间（含句组之间）的时间关系（temporal relation）的逻辑连接语，如 first，next，then，previously，formerly，soon，finally，meanwhile，to begin with，up to now，to sum up 等。

② 表示句子之间的因果和推论关系（causal/resultive/inferential relation）的逻辑连接语，如 consequently，so，otherwise，then，hence，because，as a result，for this reason，in that case 等。

③ 表示附加关系（additive relation）的逻辑连接语，如 by the way，in other words，for instance，likewise，similarly，and，or 等。

④ 表示句子之间的转折和对比关系（adversative/contrastive relation）的逻辑连接语，如 however，but，yet，nevertheless，in fact，in any case，on the contrary 等。

⑤ 表示位置（location）、方向（direction）和地点（location）等意义的逻辑连接语，如 over，here，there，under，above，down，up，nearby，further，beyond，beneath，adjacent to，close to，near to，next to，in front of，on top of 等。

2．语法手段

句子或句组之间的衔接可以通过语法手段予以实现。其中较为常见的语法手段有以下几种。

(1) 动词的时、体变化。动词的时和体可以在句子中起到衔接的作用。例如：

① The boy stopped running. He saw his mother. 那个男孩停止跑动，他看到了他的母亲。

② The boy stopped running. He had seen his mother. 那个男孩停止跑动，因为他看了他的母亲。

从动词的时、体变化角度可看出，句①中的两句之间，存在动作发生的时间顺序关系，而句②中的两句之间既存在着动作发生的时间顺序关系，又存在着因果关系。

(2) 照应手段。照应（reference）指的是词语与其所指对象之间的关系。在语篇中，如果对于一个词语的解释不能从词语本身获得，而必须从该词语所指的对象中寻求答案，就产生了照应关系。因此，照应是一种语义关系，是表示语义关系的一种语法手段，也是帮助语篇实现其结构上的衔接和语义上的连贯的一种主要手段。照应关系可分为两种类型：语内照应（endophora）和语外照应（exophora）。语内照应又可分为两种情况：一种是“上指”（anaphora，亦称“反指”），即用一个词或词组替代上文中提到的另一个词或词组。另一种情况是“下指”（cataphora，亦称“预指”），即用一个词或短语来指下文中即将出现的另一个词、短语乃至句子。语外照应是指在语篇中找不到所指对象的照应关系。

例：John decided to see Mary immediately. He wanted to tell her what had actually happened to their mother.

约翰决定立刻去看玛丽，他想要告诉她他们的母亲到底发生了什么事情。

例 1 中 He 指 John；her 指是 Mary；their mother 又告诉我们 John 和 Mary 之间的关系。两句话之间的语义连贯就是靠词语之间存在的照应关系实现的。

例 2：Tom told a story but Mary did not believe it.

汤姆给玛丽讲了一个故事，但玛丽并不相信它。

例中的 it 反过来指上文中的 story。换言之，story 是 it 的先行词。这就是“上指”。

例 3：When I met her，Mary looked very sad.

当我遇到她的时候，玛丽看起来非常悲伤。

例中的 her 指的是下文中的 Mary，这就是“下指”。

(3) 替代。替代（substitution）是一种既可避免重复又能连接上下文的手段，指的是用代替形式（substitute）来取代上文中的某一成分。替代是一种语法关系，与照应表达对等关系不同，它表达的是一种同类关系。在语篇中，替代形式的意义必须从所替代的成分那里去查找，因而替代是一种重要的衔接语篇的手段。替代可分为名词性替代（nominal substitution）、动词性替代（verbal substitution）和分句性替代（clausal substitution）等多种形式。与英语相比，汉语中替代手段使用的频率较低，汉语往往使用原词复现的方式来达到语篇的衔接与连贯。英语可以用代词 so，do，do the same 等替代形式来替代与上文重复的成分，形成衔接。但是汉语没有类似的替代形式，通常需要用词义重复来连接。因此，译者在翻译时应注意英、汉语的不同表达习惯。

例 1：The Americans are reducing their defense expenditure this year. I wonder if the Russians will do too.

美国人今年在削减国防开支，我怀疑俄罗斯人也会这样做。

例 1 中 do too 替代了 reducing their defense expenditure，体现出英语的简洁性。

例 2：Everyone seems to think he's guilty. If so，no doubt he'll offer to resign.

似乎每个人都认为他是有错的。如果是这样，毫无疑问，他将会提出辞职。

例 3：Electrical charges of a similar kind repel each other and those that are dissimilar attract.

同性电荷相斥，异性电荷相吸。

此例中代词 those 替代了前文中的 electrical charges，译文则采用的是“电荷”这一名词。

(4) 省略。省略（ellipsis）指的是把语言结构中的某个成分省去不提。句中的省略成分通常都可以从语境中找到，这样句与句之间就形成了连接关系。同替代一样，省略（ellipsis）的使用也是为了避免重复，突出主要信息，衔接上下文。作为一种修辞方式，它符合语言使用的经济原则。省略可看作一种特殊的替代——零替代（substitution by zero）。省略是一种重要的语篇衔接手段。省略也可分为名词性省略（nominal ellipsis）、动词性省略（verbal ellipsis）和分句性省略（clausal ellipsis）。相比较而言，英语的省略现象比汉语要多一些。因为英语的省略多数伴随着形态或形式上的标记，不容易引起歧义。

例 1：Everybody has a responsibility to the society of which he is a part and through this to mankind.

每个人都对他所属的社会负有责任，通过社会对人类负有责任。

例 1 中，英语有 to 这一形式标记，说明省略的动词成分，这样能使前后衔接，结构紧凑，汉语的习惯则要求重复这一成分。

在省略这一衔接手段中，译者尤其需要注意的是汉语经常省略主语，因为汉语具有主语控制力和承接力强的特点，在汉语语篇中，当主语一次出现后，在后续句中可以隐含。

例 2：Arthur Clarke was born in Minehead，England. Early interested in science，he constructed his first telescope at the age of thirteen. He was a radar specialist with the Royal Air Force during World War II. He originated the proposal for use of satellites in communication…

阿瑟·克拉克生于英格兰的明海德镇。自幼喜爱科学，十三岁时制作了自己的第一架望远镜，第二次世界大战期间是皇家空军的一位雷达专家，曾首先提议将卫星用于通信……

在上例中，英语句子在结构上是比较工整的，每个句子都有主语。而在汉语的译文中，只要意思明确，句子的主语可以省略，一个主语可以管一个小的段落。

例 3：What matters if there are some difficulties. Let them blockade us. Let them blockade us for eight or ten years. By that time, all of the China's problems would have been solved.

（即便）多（或）少（有）一些困难怕什么，（让他们）封锁吧，封锁十年（或者）八年，（到那时）中国的一切问题都解决了。

从此例中我们可以看出，英语的表达具有很强的实际意义，在翻译时要首先把省略的部分补齐，才能够结构完整，衔接紧密。汉语中括号内的词语是隐含的，所以在译成英语时，括号里的词语的意义是绝不能省略掉的。

(5) 连接。连接（connection）是表示各种逻辑意义的连接手段，连接词又称“逻辑联系语”。连接词既可以是连词，也可以是具有连接意义的副词、介词及短语，还可以是分句。连接关系是通过连接词以及一些副词或词组实现的。连接词在语篇中具有专业化的衔接功能，表明了句子间的语义关系，甚至通过前句可从逻辑上预见后句的语义。通过使用各种连接词语，句子间的语义逻辑关系可以明确表示出来。

语篇中的连接成分是具有明确含义的词语。通过这类连接性词语，人们可以了解句子之间的语义联系，并且可以根据前句预见后续句的语义。韩礼德将英语的连接词语按其功能分为四种类型，即：添加、递进（additive），转折（adversative），因果（causal），时序（temporal）。这四种连接词的类型可分别由 and，but，so，then 这四个简单连词来表达。它们以简单的形态代表这四种关系。

添加、递进是指写完一句话之后，还有扩展余地，可以在此基础上再添加某些补充信息。表示添加、递进的连接词语有 and，furthermore，in addition，what is more 等。

转折是指后一句的意义与前一句的意义截然相反。前一句的陈述是肯定的，后一句却是否定的；前一句是否定的，后一句则是肯定的。表示转折关系的连接词语有 but，on the other hand，however，conversely 等。

因果连接是指以各种不同方式体现的原因与结果的关系。表示因果关系的连接词语有 because，so，for this reason，consequently 等。

时序性连接词语表示篇章的事件发生的时间关系，这类词语有 formerly，first，then，in the end，next 等。请看下面例子。

例 1：My client says he does not know this witness. Further，he denies ever having seen her or spoken to her.

我的当事人说他并不认识这位证人。更深一层地说，他否认见过这位证人或与她说过话。

此例中后面补充的语义实质上是对前面内容的扩展和肯定，并使两个句子紧密地连接起来。

例 2：I am afraid I'll be home late tonight. However，I won't have to go in until late tomorrow.

我担心今晚回家会晚。可是，我不会一直晚到明天才回家的。

此例中，前一句是陈述句，后一句是否定句，后一句的意思与前一句完全不同。

作为语篇中的衔接手段，英语的连接词和汉语的连接词之间存在着若干相同点。首先，它们的功能是相同的，语篇连接词本身就是意义明确的选项，它们在语篇中衔接句子与句子，或者衔接段落与段落时，能够明白无误地表达句子之间或段落之间的语义联系和逻辑关系。此外，无论是英语还是汉语，在绝大多数情况下，连接词都出现在句首的位置，它们就像纽带一样，将前句与后句或前段文字与后段文字紧密地连接起来。

但是，在语篇层面的连接方式上，汉语呈隐性，英语则是显性的，或者说在语篇层面英语重形合，要用连接词把各句连起来，所以有些研究者把英语称作链语（chain language）。

(6) 排比结构。排比结构整齐匀称，意义连贯，能使语言产生和谐的均衡美。它既是一种修辞手法，也是语篇的一种衔接手段。例如：

① If you prick us，do we not bleed？你们要是用刀剑刺我们，我们不是也会出血的吗？

② If you tickle us，do we not laugh？你们要是搔我们的痒，我们不是也会笑起来的吗？

③ If you poison us, do we not die? 你们要是用毒害我们，我们不是也会死的吗？

④ And if you wrong us，shall we not revenge? 那么要是你们欺侮了我们，我们难道不会复仇吗？

这是莎士比亚的《威尼斯商人》中的名言。同样的句式，整齐排列，译文也采用了排比结构，意思连贯，具有和谐美。

由于衔接是通过词汇或语法手段加以实现的，所以学者们认为它是语篇的“有形网络”。译文也要通过一定的衔接手段，将句子与句子、段落与段落按照逻辑组织起来，构成一个完整或相对完整的语义单位。但是，由于英语和汉语存在不同的语言特点，其衔接手段的侧重点和频繁度也有所不同。英语是形合语言，注重表层语言结构成分的前后照应与衔接。而汉语是意合语言，更注重句子成分之间的逻辑关系，在行文时多以意相连，省略和关联衔接更为频繁。总之，在英汉互译时，译者要通过正确理解联句成篇的衔接手段，更好地把握原文作者的完整逻辑思路，并在生成译文语篇时对原文的衔接方式进行必要的转换和变化，将句子与句子、段落与段落按照逻辑组织起来，构成一个完整或相对完整的语义单位。

（二）语篇的连贯

语篇既然是语义单位，那么能够称作“语篇”的语言实体必须在语义上是连贯的（Text must be coherent）。语义连贯是构成话语的重要标志。衔接是通过词汇或语法手段使文脉贯通，而连贯是指以信息发出者和接受者双方共同了解的情景为基础，通过逻辑推理来达到语义的连贯。如果说衔接是篇章的有形网络，那么连贯则是篇章的无形网络。译者只有理解看似相互独立、实为相互照应的句内、句间或段间关系并加以充分表达，才能传达原作的题旨和功能。

例 1：I wrestled with my own resolution：I wanted to be weak that I might avoid the awful passage of further suffering I saw laid out for me…

我和我自己的决心搏斗着：我要成为软弱的人，这样我就可以避免去走那条要我受更多苦难的可怕的路，我看到这条路就摆在面前……

例 1 中，译者在翻译时，重复了主体“我”，也明确了客体，使译文豁达流畅。

例 2：The chess board is the world，the pieces are the phenomena of the universe，the ruies of the game are what we call the laws of nature. The player on the other side is hidden from us. We know that his play is always fair，and patient. But we also know，to our cost，that he never over looks a mistake，or makes the smallest allowance for ignorance.

世界是盘棋，万物就是棋子。弈棋规则即所谓的自然规律，我们的对手隐蔽不见。我们知道他下棋总是合理、公正、有耐心。但输了棋后我们才知道，他从不放过任何误棋，也决不原谅任何无知。

这是赫胥黎的一段话。赫胥黎将人生比作一场漫长的弈棋比赛。因此，译者在翻译时对原文中 the game，the player，his play，to our cost 等词语的处理必须符合这一语义的整体性和连贯性，以“棋”贯穿整个语篇，把“to our cost”等隐含的语义明确地表达出来。

语篇中句子的排列如果违反逻辑就会对句与句之间语义的连贯产生影响。有时候，说话的前提以及发话者、受话者之间的共有知识也会影响到语义的连贯。诗篇的连贯性主要取决于读者的联想和想象。

（三）影响语篇衔接连贯的因素

语篇的含义主要依赖于语境。语境是语言活动在一定的时间和空间里所处的境况。人们在语言交际的过程中要想顺利地交流思想和理解话语发出者的信息，必须运用语言所依赖的各种表现为言辞的上下文或不表现为言辞的主客观环境因素。这里的上下文和主客观环境因素就是语境。语境有广义语境与狭义语境之分。广义的语境是指对语言交际产生制约的社会的、自然的、交际者本身的等各种各样的因素，也称为“情境语境”（Situational Context）或“超语言学语境”（Extralinguistic Context）。狭义的语境是指交际过程中某一话语结构表达某种特定意义时所依赖的各种表现为言辞的上下文，它既包括书面语中的上下文，也包括口语中的前言后语所限定的环境。此处我们主要讨论书面语中的上下文。篇章和语境之间有联系也有区别。语境用以解决具体词语的词义判断，是为了准确；篇章用以承上启下和前后呼应，为的是使不同段落之间语义连贯，观点清楚，叙述协调。在翻译实践中，要充分注意两者的区别并将其统一在操作过程中。

例 1：One out of five incoming calls is a complaint．However，most customers don’t air their complaints for one of two reasons．（下文：They don’t know where or whom to complain to．They don’t think it will help to complain．）

误译：打进来的 5 个电话中就有一个是投诉电话。不过，绝大多数的顾客不会因为一两个原因而宣泄他们的不满。

乍看之下，译文似乎没有什么不妥。但如果将这句话放在原语境中，看到括号中紧跟的下文，就会发现译文的不妥之处。后文说的是“他们不知道该到哪里，向谁投诉。他们认为投诉也无济于事”。所以，原文应该译为“打进来的 5 个电话中就有一个是投诉电话。不过，绝大多数的顾客会因为以下两个原因之一而未能发泄其不满”。

从语篇的角度来看，英译汉的过程是用汉语重新构建语篇的过程，句子层面之外必须考虑语篇衔接，只是在重构的过程中需要照顾原文的语篇结构，不可超越。原文作者为了一定的修辞目的而采用了一些衔接手段，译者应当体察其意图，在不至于违背其语义信息、修辞特色的前提下，选择符合汉语表达习惯的衔接手段，尽量给汉语读者提供两全其美的译文。

例 2：A company announced cuts of 8，200 jobs一10% of its workforce．What happened？Customers have been canceling orders like mad．

误译：某公司宣布裁员 10%共 8200 名员工。发生了什么？客户们像疯了一样撤销订单。

此例译文在衔接上不够自然，整句话读起来不够连贯，改成“某公司宣布裁员 10%，共 8200 名员工。这是什么原因呢？这是因为客户纷纷撤销了订单”更好一些。

（四）衔接、连贯的相互关系

在进行英汉段落与篇章翻译时，语篇的“衔接”与“连贯”是必须考虑的两大要素。衔接是一个语义概念，它是存在于语篇中的、并使语篇得以存在的语言成分之间的语义关系。衔接是语言机制的一部分，它的作用在于运用照应（reference）、省略（ellipsis）、替代（substitution）、连接（conjunction）和词汇衔接（lexical cohesion）等手段使各个语言成分成为整体。语篇衔接手段主要有语法衔接（grammatical cohesion）和词汇衔接（lexical cohesion）。在语篇中，语法手段的使用可以起到连句成篇的作用。语篇衔接手段能使语篇结构紧密，逻辑清晰，更好地实现语义的连贯。

连贯是篇章被阅读时感到它是一个整体而不是一串不相关的语句。连贯对于篇章是一个有意义的整体，而非无意义堆砌的一种感觉。衔接是一种篇章特点，连贯是一个读者对于篇章方面的评价。语篇的连贯性应该经受住对语句的语义连接及语用环境的逻辑推理，所以语篇连贯不仅包括语篇内部意义的衔接，还包括语篇与语境的衔接。连贯语篇的基本标准是其意义形成一个整体，并与语境相关联。

衔接是客观的，从理论上讲能够被轻易识别；而连贯是主观的，对篇章中连贯程度的评价将因读者不同而不同。衔接的前提是思维的逻辑性、连贯性，而连贯是交际成功的重要保证。衔接是篇章的外在形式，连贯是篇章的内在逻辑联系。衔接是语篇的有形网络，是语篇表层结构形式之间的语义关系；连贯是语篇的无形网络，是语篇深层的语义或功能连接关系。

第六章 环境差异化背景下翻译中存在的问题

翻译是在一定文化背景条件下进行的语言形式的转换，它所涉及的不仅是两种语言，也是两种文化。文化差异使得原语和译语在词汇层面统一并非易事，因此如何处理好文化差异在形式和功能上的对等是文化翻译的关键所在。

第一节 翻译在不同思维方式下存在的问题

英语民族重直线思维，汉语民族重曲线思维。在表达思想时，英语民族喜欢单刀直入、直截了当，自己的意愿往往首先提出，而汉语民族则喜欢拐弯抹角、遮遮掩掩，重头戏往往在后。这种差异常体现在句式结构上，英语多为前重心，头短尾长；汉语则多为后重心，头大尾小。如英语句子“Mr. King had an accident when he was driving to work.”将重点“出车祸”放在开头直接交代；汉语则把重点 have an accident 放后：“金先生在开车上班时出了车祸。”

英语民族重形式逻辑，中国人重辩证思维。这种差异在语言上表现为英语重形合，汉语重意合。英语注重运用丰富的语法组合手段（如连接词、词缀、词形变化、指代词、被动语态等）来体现分句之间的依附或从属关系的结构，注重句子形式，注重结构完整，以形显义。而汉语句子不是靠各种语法成分连接在一起，而是靠语义或逻辑捆绑在一起的，主要依赖意义的内在衔接，形成一种隐约的意义脉络，不求形式上的完整，只求达意，以神统形。一个简单的例子便能很好地说明这点：国际快餐业巨头麦当劳那句脍炙人口的广告语“I’m lovin’it!”在中国被翻译为“我就喜欢!”在英语原句里，作为宾语的“it”必不可少；少了，就是一个错句，就违背了“形合”原则。而汉语译文中与“it”相对应的“它”字必须隐去，以求达意，以神统形；如果翻译为“我就喜欢它”，反倒不符合汉语习惯的表达方法，还可能引起歧义。还有，东方人的观察重心一般落在具体的事物上，由比较抽象的东西来限制、修饰比较具体的东西；而英语文化的观察重心却往往是抽象的。如：Bitterness fed on the man who had made the world laugh。译文：这个曾使全世界发出笑声的人自己却饱尝心酸。

东西方国家之间，由于思维方式的不同，人们认识事物的出发点也不一样，各自语言的表达习惯也不一样。例如，中国人习惯说“四方”为“东西南北”或“东南西北”。英国人却习惯说“four cardinal points: north，south，east and west”。中国人以“南”为主，大概是由于“南面为王”“北面为朝”的缘故。所以罗盘针明明是指北，却称“指南针”。

第二节　翻译在社会习俗差异中存在的问题

一、时间观念差异与翻译

由于中英两国文化的差异，两者在时间观念上也存在着一定的差异。如英语中的“the latest news”译成中文就不能译为“最后消息”，而只宜译为“最新消息”。类似的例子如 the latest discovery of sth.“最新发现”，the latest development of sth.“最新发展”等。此外，back（后）指过去的时间，而用 forward（前）指未来的时间，因此“look back”是“回顾过去”，而“look forward to”则是“盼望未来”。中国人恰恰相反，如有句古诗“前不见古人，后不见来者”，诗中“前”指过去，“后”指未来。因此，在翻译时稍不注意就会造成误译。又如“可是我们已说到故事的后面去了”，“故事的后面”不能译成“behind the story”，英文不这么说，英语里表达相同意思的说法和视角与汉语是相反的：“ahead of the story”（把后面的故事提前说了）。因此，这个句子可以译成“But we are getting ahead of the story. ”译者如果缺乏对中英两国在时间观念上的差异的深入了解，往往就会造成错误或误译。

二、数字文化差异与翻译

在社会生活中，人们往往把一些本身不具有任何含义的东西赋予一定的含义。就数字而言，西方人认为 13、5 是不吉利的数字，它们代表“厄运”，把“周五”称作“black Friday”；而中国人喜欢 6，认为“六六大顺”，在安排出行、喜庆之时要选择带 6 的日期。对于数字的翻译也是值得注意的。在汉语中，数字“三、五、九、百”等在许多时候都不表示具体的数字，而表示“多数”，所以在英汉互译时一定要注意理解汉语中数字的意思。如三番五次：again and again/time and time again；三天两头：almost everyday；三令五申：to have repeatedly issued order and given warnings；三思而后行：to look before you leap；三下五除二（形容做事干脆利索）：to be obedient in everything；万无一失：Nothing can possibly go wrong；九死一生：to have many narrow escapes by the skin of one’s teeth。再从下面的对话取得启示：

——我听说您曾做过编辑？

——那是八百年前的老皇历了。

译为：——I heard that you had been an editor.

——That happened long time ago.

三、特有概念及习语差异与翻译

在英汉互译时，应更加注意在一种文化中所形成的特殊概念和习语，应保持原味，帮助读者理解。如“端午节那天，人们都要吃粽子”，粽子是中国传统食品，若直接翻译，对于不了解中国传统文化的西方人来说很难理解，应对该句加以解释，应译为：During the Dragon Boat Festival（which fall on the fifth day of the filth month），it is a common practice to eat Zongzi，which is a rice pudding wrapped up with weed leaves．对“黔驴技穷”（at one's wits'end）、“四面楚歌”（besieged on all sides or utterly isolated）这样的成语，重要的是先理解成语意思，再在英文中找到相应的词或词组。至于习语，也不要望文生义，如 sit at somebody's feel（拜某人为师）、have a big mouth（夸夸其谈）、apiece of cake（小菜一碟）、the kiss of death（帮倒忙）。

四、颜色词引申文差异与翻译

颜色词除了表示物体颜色外，还具有丰富的文化内涵。黄色在中国古代是皇帝的专用色，是至高无上的，有尊严、崇高的意思。但在英语中 yellow 却与怯弱、妒忌、猜疑、卑鄙等引申义有关，如 yellow belly（胆小鬼），be yellow with jealousy（嫉妒），yellow streak（胆怯、怯弱），a yellow dog（卑鄙小人），be too yellow to stand and fight（太胆怯而不敢奋起迎战），yellow looks（尖酸多疑的神情），yellow journalism（低级趣味的文字或耸人听闻的报道）。受西方文化的影响，汉语中黄色也代表着衰败、堕落、下流，如“黄色书刊”（blue books）、“黄色电影”（blue films）、“黄色录像”（blue video）。而汉语“黄”这个词的意思在英语中应是“pornographic（色情的），filthy（淫猥的），vulgar（庸俗的），obscene（淫秽的）”等。

紫色在英语中象征王位、显位，王权、地位或荣誉、高贵。英语中有 be born in the purple（出身王室），to marry into the purple（与皇室或贵族联姻），purple heart（授予作战受伤军人的紫色勋章），raise somebody to the purple（立某人为帝王或升某人为红衣主教），a purple airway（皇家专用飞机跑道）。purple 还用于表示强烈的情感，如 to be purple with anger（气得脸色发紫），purple languages（辛辣的语言）。

红色在英汉两种语言中都表示喜庆与欢乐。在西方国家，人们把圣诞节和其他节假日称为 red-letter days（喜庆的日子）。red-letter days 与 to roll out the red carpet for someone（隆重欢迎某人），paint the town red（狂欢痛饮）都说明红色象征着喜庆。在英语中红色还常指负债或亏损，因为当账上和损益表上的净收入是负数时，人们就会用红笔登记，于是便有了 red figure（赤字），red ink（赤字），

in the red（亏损），red balance（赤字差额）等说法。此外，红色还象征着危险、暴力和反动，如 red light（红灯），red light district（红灯区），red handed（沾满鲜血的），red-neck（反动的）。英语中 red 还可引申为残忍、灾难、气愤、潜在的危险、战争、死亡等，其引申义贬多褒少。red 也使人联想到暴力和流血。例如：have red hands（杀人犯），red ruin（火灾），a red battle（血战），Red Cross（红十字），Red Alert（空袭警报）。red 还可以表示警告，如 red light（红灯），red card（红牌）——罚球员下场。

英语中的 red 汉译时还有不与“红”对等的情况，比如：red herring（不相干的事），see red（生气），in the red（超支、负债），red cent（铜币），red meat（瘦肉），red tape（官僚作风、官僚文章）。中国古代常用“红颜”“红粉”指代面容娇好的女子，用“红闺”“红楼”指富贵人家女儿的闺阁。而在英语中，颜色“red”没有与“女子”相关的引申义，翻译时不能直译而要意译。“红颜”可译为“a beautiful girl”或“a pretty face”，“红粉”可译为“a gaily dressed gir”，“红闺”“红楼”可译成“a lady’s room”或“a boudoir”。汉语中的“红糖”在英语中为“brown sugar”，红茶为“black tea”“红榜”为“honor roll”“红豆”为“love pea”“红运”为“good luck”等，其中的“红”与“red”没有任何关系。

英语中 white 的引申义表示吉利、清白、善意、正直等。例如，a white day（吉日），a white soul（纯洁的灵魂），This is very white of you（你真诚实）! white-handed（正直的），a white witch（做善事的女巫），white hope（被寄予厚望的人或事），a white lie（善意的谎言），a white man（忠实可靠的人）。white 还可用于形容心理情感的变化，如 white-hot（愤怒的），white feather（懦弱），white-faced（脸色苍白的），white heat（事态、情感等高度紧张状态）。汉语中“白”引申为空白、徒然、没价值。如“白费事”（all in vain，a waste of time and energy）、“白搭”（no use，no good）、“白送”（give away free of charge，for nothing）、“白手起家”（to build up from nothing）、“白费力气”（to beat in the air）、“白痴”（idiot）。汉语中的“白”还是反动势力的象征，如“白旗”“白色恐怖”“白军”等。

黑色在英汉两种语言里都一般指坏人、坏事，如黑市（black market）、黑心肠（black heart）、黑名单（black list）。英语中 black 也可以表示暗淡的、暗无天日的、毫无希望的、不幸的，如 black future（前途暗淡），black dog（抑郁不开心的人），black Friday（不吉利的星期五），be in someone's black books（失宠、受贬黜）。还可以表示阴郁的、忧闷的、令人无限悲哀的：black in the face（脸色铁青），a black voice（极为低沉的嗓音），be in a black mood（情绪低落）。也可以表示极可恶的、坏透的、顽固不化的、不可饶恕的：black sheep（害群之马），black-hearted（邪恶的，阴险的），black humor（荒唐、病态的幽默）。另外，黑色在英语中还表示盈利，它和红色一样也是记账时所用墨水的颜色。如 black figure，in the black 都表示盈利、赚钱等。汉语中的“黑”常含有反动、邪恶等贬义色彩，如黑幕（inside story of a plot）、黑帮（reactionary）、黑手（evil backstage manipulator）、黑钱（ill-gotten money）、黑店（an inn run by brigands）、黑心（evil mind）、黑话（argot，cant）、黑道（dark road）、黑货（smuggled goods）、黑会（clandestine meeting）、黑枪（illegally possessed firearms）、黑死病（the plague），以上的“黑”英译时均与 black 无关。

绿色在英语中的寓意十分丰富，褒贬都有，常用来表示没有经验、未成熟、幼稚可欺之意，如 green hands（新手），be looking green（看上去很苍白），green corn（嫩玉米），green horns（新到某地的人，新来的移民），green as grass（无生活经验），green ass（没有经验的，乳臭未干的），green horn（生手、新手，易受骗的人）。green 还是青春、希望和生命的象征，如 a green old age（老当益壮），be in the green（血气方刚），keep one's memory green（长记不忘），green years（青春年华），green trees（常青树，生命树），a flesh and green memory（清新而栩栩如生的回忆）。

green 还令人联想到大自然和绿色植物。如 green house（温室），green sward（草地），green belt（绿带），green fingers（园艺能手），green staff（蔬菜类），Green Peace（绿色和平组织）。绿色在汉语中象征着生命、青春、环保、和平、友善，恬静清新、宁静和谐。如绿油油（flesh green）、绿葱葱（green and luxuriant）、绿生生（flesh and green）、绿化（make green by planting）、绿色革命（the Green Revolution）、绿色食品（green food）、绿荫（green shade）、绿茵（a carpet of green grass)、绿茵茵（green verdant)、绿莹莹（glittering green）。

蓝色这一颜色词在英语中也有很多种意思，意义也很丰富。它在英语中常用来表示社会地位高、有权势或出身贵族或王族，如 blue blood（指有贵族血统的人），blue book（名人录），blue ribbon（头奖，最高荣誉）；另外，blue 还有“可靠的、忠诚的”的意思，如 blue chip（蓝筹股，可靠的股票），true blue（忠心不二的），这些都体现了 blue 的褒义用法。而 blue box（蓝盒，即为逃避交付电话费而暗设的一种违章长途通话电子装置），blue moon（不是蓝色的月亮，而指很长的时间），这些都可以看作中性用法。blue 在贬义用法中通常表示“忧郁”“不快”，如 in the blues（闷闷不乐），blue Monday（抑郁的星期一），feel blue（感到悲伤），be blue about future（对未来悲观），Her mood is blue（她情绪低落），be down with blues（沮丧不振），sing the blues（悲观，垂头丧气）。另外英语中 blue 可引申为不道德、下流和色情等。在比喻色情时，英语中不用 yellow，而用 blue movie（黄色电影），blue jokes（下流玩笑），blue software（黄色软件），blue video（黄色录像）等。在经济词汇中 blue 可以表示不同的意思，如 blue books（蓝皮书），blue sky market（露天市场），blue collar workers（从事体力劳动的工人）等。英语中还有很多由 blue 构成的词语，汉译时全无“蓝色”之意。如 blue alert（空袭警报），blue chip（热门股），blue blood（出身高贵），blue-eyed boy（宠儿），once in a blue moon（千载难逢），blue coat（警察），blue stocking（女才子），blue-sky（空想的，不切实际的），talk a blue streak（连珠炮似的说），like a blue streak（非常快地，很有效地），into the blue（无影无踪），till all is blue（到极点，无限期地）。

五、动物的比喻和联想意义差异与翻译

由于社会习俗、文化传统、劳动方式的不同，人们对动物的比喻及联想意义也有不小差异。

狗在中国文化中是一种卑微的动物，汉语中有“狗仗人势”“猪狗不如”“狼心狗肺”“狐朋狗友”等含有贬义和辱骂性质的成语。在西方国家，人

们常把狗看作他们的朋友，甚至把狗看成他们家庭中的一员，常把狗称作 she（她）或 he（他）。如 a lucy dog（幸运儿），a joily dog（快活的人），a lazy dog（懒汉），top dog（重要人物），Every dog has his day（凡人皆有得意时），He works like a dog（他工作努力）， Love me，love my dog（爱屋及乌）。

而中国人十分喜爱猫，用“馋猫”来比喻人贪嘴，常有亲昵的成分。而在西方文化中，“猫”被用来比喻“包藏祸心的女人”，如 old cat（脾气坏的老太婆），Cats hide their claws（知人知面不知心）。

在中国，山羊被看作一种老实的动物，如“替罪羊”；而英语里“goat”却含有“色鬼、好色之徒”的意思。杜鹃是报春鸟，令人感到愉快；可英语中的“cuckoo”却是指傻子。

汉语中的“蝴蝶”和“鸳鸯”往往象征着“忠贞的爱情”，由此引起人们许多美好的联想，如“梁山伯与祝英台”在海外就被译为“the butterfly lovers”；可英语中的“mandarin duck”却没有任何意义。

中国人极其推崇龙，把它视为权力、力量和吉祥的象征。汉语中出现了许多含有褒义的成语，如龙飞凤舞（bold cursive calligraphy）、龙颜（face of emperor）、龙袍（imperial robe）、龙腾虎跃（scene of bustling activity）等。在西方，dragon 所引起的联想是邪恶，是一种恐怖的动物（英语词典的释义为 mythical monster like reptile），应予以消灭。

牛在我们的心目中是勤劳、坚忍、任劳任怨的动物，汉语中有“牛劲”“牛脾气”“牛角尖”“牛头不对马嘴”等词语，在英语中却很难找到相应的喻体。英国古代主要靠马耕，牛在英国主要是用来产奶的，因此英语中关于马的俗语有不少，如 as strong as a horse（健壮如牛），horse doctor（蹩脚医生），horse laugh（纵声大笑），horse sense（基本常识），work for a dead horse（徒劳无益）等。由于彼此的生产方式不同，在表达同一意思时汉语的“牛”往往和英语的“horse”相对应，如汉语的“吹牛”与英语的“talk horse”相对；汉语的“牛饮”在英语中就是“drink like a horse”；“饭量大如牛”对应英语的“eat like a horse”。两种语言在表达上算得上“殊途同归”了。

在翻译“He is a bear at languages. ”时，由于在汉语中，与熊有关的词汇蕴含着“窝囊、没本事”等意味，如“瞧他那个熊样儿”“真熊”等，会误译为“他没有语言天赋”；而实际上，在英语中，“bear”常指非常强大或有特殊才能的人，因此正确的译法应是“他是个语言天才”。

在中国，人们把猫头鹰看作厄运的象征；把它的叫声与灾难和死亡相联系。民间谚语有“夜猫子（猫头鹰）进宅，无事不来；夜猫子抖搂翅，大小有点事”的说法。在英美文化中，猫头鹰被看作智慧鸟，是“冷静”“智慧”的象征；在儿童读物中，猫头鹰的形象是沉着、冷静、严肃和聪明的，习语 as wise as an owl 便充分说明了这一点。

peacock（孔雀）在汉语含有褒义，孔雀开屏在中国人看来是吉祥的象征；而在英语中则含有贬义，主要指骄傲自负、打扮入时、喜欢显示炫耀自己的人。它并不强调其美丽的一面，而强调它骄傲的一面。英语中还有 the young peacock（年轻狂妄的家伙），proud as a peacock 等用法。

中国文化中，蝙蝠被认为“幸福”“吉祥”和“健康”的象征。因为蝠与福同音，而红蝙蝠更是大吉大利的先兆，因为“红蝠”与“洪福”谐音。但是在英美文化中，蝙蝠却是一种丑陋邪恶的动物，总是把它与罪恶或黑暗势力联系在一起，特别是 vampire hat（吸血蝠），提起来就令人毛骨悚然。因此与蝙蝠有关的词语大多含有贬义，如 as blind as abat（有眼无珠），have bats in the belfry（异想天开），crazy as a bat（精神失常）等。英美人对蝙蝠的联想意义很像我们对猫头鹰的联想意义，又怕它，又讨厌它。

在英美文化中，狮子被认为是百兽之王，其形象是勇敢、凶猛和威严的。英国国王 King Richard 由于勇敢过人，因此被称作 the Lion Heart。英国人以狮子作为自己国家的象征，The British Lion 就是指英国。英语中有许多与 lion 有关的习语，如 play oneself in the lion’s mouth（置身虎穴），come in like a lion－go out like a lamb（虎头蛇尾），like a key in a lion’s hide（狐假虎威），lion hearted（勇敢的），a lion in the way（拦路虎）等。然而在中国，由于人们对狮子不熟悉，相当于狮子地位的动物是老虎。汉语中的老虎多具有“勇猛”“威武”的含义，如生龙活虎、虎视眈眈、龙争虎斗、虎虎有生气等。汉语中的“拦路虎”，译成英语就是 a lion in the way；汉语的“虎口拔牙”，译成英语则是 bear the lion；汉语说“虎穴”，译成英语就成了 lion’s mouth。

由于生产生活方式的不同、地域的不同，动物对人们所起的作用不同，相同的动物在不同的语言环境中所表达的内容则不尽相同，英汉互译时一定要符合双方的语言历史文化，不能只看表面的单词，而忽视了内在的文化含义。

六、习惯用语差异与翻译

习惯用语是日常交际中经常使用的，在意义上整体化和抽象化了的固定词组，是不可分割的统一体，其整体的意思往往不能从组成惯用语的各个词的原有意思中猜测而得。一般而言，惯用语的各个组成部分不可任意拆开或替换。但是某些惯用语，在特殊情况下，容许做些变动，从而增添活用性。熟悉和掌握英语的惯用法和搭配会对翻译有所帮助，可以帮助人们改正本民族语言和文化的影响而产生的错误，避免直译或不合习惯的类推，从而提高翻译的质量。如不知 red tape 表示“繁文缛节、文牍主义、官僚作风”的话，那就很有可能直译为“红带子”。

习惯用语是人们经过长时间的使用而提炼出来的固定短语或短句，是人民智慧的结晶。英语和汉语是两种高度发展的语言，因而都拥有大量的习惯用语。它们大都具有鲜明的形象，适宜用来比喻事物，因而往往带有浓厚的民族和地方色彩。习惯用语有的意思明显；有的富于含蓄，意在言外，可引起丰富的联想；有的可能包含几个意思，必须根据上下文的具体情况来明确它的意义。习惯用语既是语言中的重要修辞手段，其本身也是各种修辞手段的集中表现。不少用语前后对称，音节优美，韵律协调。由于习惯用语具有这些特点，翻译时就应当尽量保持这些特点。译者除了忠实地表达原文习惯用语的意义外，还应尽可能保持原语言的形象比喻、丰富联想、修辞效果以及其民族、地方特色等。习惯用语不仅大量出现在文艺作品里，在政治和科学论文中也同样经常碰到。其翻译好坏对整个译文的质量有直接的影响。因此，如何理解习惯用语是翻译中一个极为重要的问题。

习惯用语的英译汉有三种主要方法：直译法、英汉套译和意译法。

直译法，即在不违背译文语言规范以及不引起错误联想的条件下，在译文中保留英语习惯用语的比喻、形象和民族、地方色彩的方法。有时尽管英语习惯用语的比喻、形象对汉语读者可能比较生疏，但由于它在一定上下文中具有强烈的政治意义，或有明显的西方民族、地方、历史等色彩，所以也应采用保留原文表达方式的直译法。用这种方法处理习惯用语，把西方习惯用语移植到汉语中来，往往可以丰富译文语言，如 sour grapes：酸葡萄；a die-hard：死硬派；a gentleman's agreement：君子协定。

英汉套译，有的英语习惯用语和汉语同义习惯用语在内容和形式上都比较接近，双方不但有相同的意义和修辞色彩，而且有相同或大体相同的形象比喻。在英译汉时，如遇到这种情况，不妨直截了当地套用汉语同义习惯用语。

(1) 英语和汉语有完全相同的形象比喻，如 to add fuel to the fire：火上浇油；to be oil thin ice：如履薄冰；walls have ears：隔墙有耳。

(2) 英语和汉语有大体相同的形象比喻，如 to laugh off one's head：笑掉大牙；to shed crocodile tears：猫哭老鼠；six of one and half a dozen of the other：半斤八两。

意译法，如果不可能或没有必要用直译法保留英语习惯用语的表达形式，并且在汉语中也找不到合适的同义习惯用语可供套用，就得用意译法配合上下文把英语习惯用语的含义表达出来，如：

例 1：The teenagers don't invite Bob to their parties because he is a wet blanket.

青少年们不邀请鲍勃参加他们的聚会是因为他是一个令人扫兴的人。

例 2：Among so many well-dressed and cultured people，the country girl felt like a fish out of water.

同这么多穿着体面而又有教养的人在一起，这位乡下姑娘感到很不自在。

又如：

例 3：All right，I blame myself. But it's the last time. We were cat's paws，that's all.

得了，怪我自己瞎了眼。可是我再也不干啦。我们上了人家当，没别的。

七、谚语差异与翻译

谚语指的是民间流传的简练而固定的语句，常常是用简单通俗的话反映深刻的道理。其特点在于民间流传的谚语含有明晰的哲理性，具有一定的教育意义和普遍的认同性，既可以是历史经验的总结，道德规范的倡导，也可以是前车之鉴的教训。例如，A friend in need is a friend indeed.（患难见真情）；Birds of a feather flock together.（物以类聚，人以群分）；Blood is thicker than water.（血浓于水）；Never too old to learn，never too late to turn.（亡羊补牢，为时未晚）；Good for good is natural，good for evil is manly.（以德报德是常理，以德报怨大丈夫）；He laughs best who laughs last.（谁笑到最后，谁笑得最好）；Like father，like son.（有其父必有其子）等。因此，人们常说，谚语是一个民族智慧的结晶。不同民族的谚语既具有一定的共识性，又具有不同程度的差异性。这也是人们在翻译谚语时常常感到困难重重的根本原因之所在。这里主要就英语谚语的汉译探讨几种方法。

（一）直接翻译法

所谓直译，就是在符合译文语言规范的基础上，在不引起错误联想和误解的情况下，保留英语谚语的比喻、形象及民族特色，译出的汉语要有谚语味。一般来说，直译最能保留原语的异国情调及风姿。像下面这些直译过来的英语谚语，早已起到了丰富汉语语言的作用，并且已为我们日常所用，如：

Hear much，speak little.

多听少说。

英语的比喻结构中，明喻、暗喻和部分换喻可以用直接翻译法，即在不违背译文语言规范以及不引起错误联想的条件下，在译文中保留英语谚语原有的色彩与形象。

明喻（simile），就是把本体（tenor）和喻体（vehicle）通过比喻词（1ike,

as，　than，and，the same 等）联系起来，即把甲事物直接比作乙事物，以便使事物的形象更加生动、逼真，说理更加透彻，更加具有说服力。这是英语谚语汉译的最常用方法。一般用“如同，就像”或直接用“是”之类的汉语句式翻译，如：

例 1：A man of words and not of deeds is like a garden full of weeds.

只说不做的人，犹如光长野草的花园。

例 2：Living without an aim is like sailing without a compass.

无目标的生活，就像无罗盘的航行。

暗喻（metaphor），或称隐喻，把要说明的事物比喻成另一种具有鲜明的同一特点的事物，从而更形象、更深刻地说明事理，增强语言的表现力和感染力。暗喻不用上述比喻词，让人直接产生联想。暗喻与明喻稍有不同，就是说本体与喻体无须比喻词而直接联系起来，即把本体直接说成喻体。通常，英语谚语的暗喻结构最好的翻译方法是直译，用“如同，就像”或直接用“是”之类的汉语句式翻译。如：

例 1：Zeal without knowledge is fire without light.

没有知识的热心，如同没有光的火。

例 2：Deeds are fruits。words are leaves.

生活并非玫瑰花床（人生并非一帆风顺）。

例 3：All that glitters is not gold.

闪闪发光的东西未必都是金子。

例 4：Plain dealing is a jewel.

光明磊落是瑰宝。

暗喻的使用，使得英语谚语具体生动，形象鲜明。其论理恰到好处，论事明白易懂，起到了警醒人、教育人的功效。有趣的是，前辈在翻译 Time is money 时，不主张套用“一寸光阴一寸金”。理由是谚语 Time is money“……宣扬功利主义，带有资产阶级的铜臭味”。而今天，人们不再持此态度了，足见英语谚语翻译时的语用意义的变迁，地方文化色彩的转变。

（二）英汉同义翻译法

在古老文明的中国文化中，有一些在意义上、形象上、表意形式上与英语谚语相同或基本相同的汉语谚语。例如，汉语成语“以眼还眼，以牙还牙”的原语就出自《圣经·旧约全书》里的英语谚语“eye for eye，tooth for tooth”；“条条大路通罗马”出自“All roads lead to Rome”等。再者，由于人们在社会生活、劳动实践中对同一事物或现象所产生的相同感受和理解，反映到谚语中便出现了英汉谚语中的“巧合”现象。既然有这种“巧合”，我们就应尽量套用，这样既可忠实地表达原句内涵，又可使译文不失谚语的形式及特性，为读者所接受运用，例如，童愚吐真言：Children and fools tell the truth；近墨者黑：He that touches pitch shall be defiled；物莫如新，友莫如故：Everything is good when new，but friends when old；施恩勿记，受恩勿忘：If you confer a benefit，never remember it，if you receive one，remember it always。

这就要求译者不仅能够准确无误地理解原文的意思，还要有较深厚的文学功底，掌握一定数量的中、英文谚语，并且能够较熟练地运用这些谚语。因此，这些貌似简单的谚语要求译者的翻译功底达到一定的水平，否则，在翻译的过程中将会困难重重。

英语修辞中的拟人也是一种比喻，拟人（personification）是把人以外的无生命之物或有生命之物当作人来描写，把本来只适用于人的动词、形容词、名词或代词等用于事物，令人感到非人的事物具有人的属性，即把无生命的事物或抽象概念看成有生命的人或物。在翻译时一般可以套用汉语谚语，如：

例 1：Industry is the father of success.

勤勉乃成功之父。

例 2：Truth is the daughter of time.

真理是时间的女儿。

这些谚语中的抽象概念 failure，industry，necessity，truth 与 success，invention，time 之间被亲属关系（mother，father，daughter）联系起来。运用拟人这一修辞

手法，英语谚语中的抽象事物就具有人的五官、四肢的功能，会说会笑、能跑能跳，产生了生动有趣的具体形象。译语同样具有原语形象和色彩，既注意了语言的艺术性，又兼顾了其民族性。

（三）意译转换法

有时，英语谚语在汉语中无法找到对等的谚语表达法，采用直译法又不能表达其真正的含义，就只能根据英语谚语的主要意思进行翻译，这时，原语中的词性、词义、结构等概念性因素难免需要做些调整和引申。这里的意译转换法即指这样的情况。当然，前面对等翻译法在某种意义上说，也是意译转换方法的一种。不同的是，对等翻译法强调了谚语形式和表达效果的对等，而意译转换法侧重谚语本身含义的转换和引申。此外，既然是转换和引申，就包括了词性、词义、结构以及风俗习惯等多方位的变换。例如，英语谚语 A stitch in time saves nine. 若译成“小洞不补，大洞吃苦”则为意译转换，若译成“及时一针省九针”，就成为直译完善法了。又如 Diamond cut diamond. 直译为“钻石切割钻石”，读者不会明白其中的意思，因此，选用“强中自有强中手”来翻译这个谚语就很贴切而且明白易懂，如：

例 1：A drowning man will clutch at a straw.

病急乱投医。

例 2：Evil will never said well.

狗嘴里吐不出象牙来。

英语中的换喻也常用这种意译。英语中的换喻，与汉语相对应，我们把它译为“换喻”或者“借代”，是指用一种事物的名称来代替另一种事物，这两种事物虽不相类似，但有着不可分离的关系。换喻指某一事物改由属性或与之有密切关系的事物来表示。也叫转喻，即对某一事物不直呼其名，而用另一与之有密切关联的事物来代替它。也有的书本称“换喻”为“借代”，换喻的一个重要特征是其有联想意义。这类谚语翻译时既可直译，又可意译，还可以套用汉语谚语，但要加注或加以解释，否则译语的读者因为语言文化的巨大差异，难以理解，无法产生联想，如以下几例：

例 1：Caesar’s wife must be above suspicious.

身为恺撒妻，务必无可疑。（恺撒是古罗马著名将军，其妻与某一案件有牵连，遭其遗弃，以证明自己与犯罪无关。Caesar’s wife 被用来比喻 a person who has close relationship with a great man 与伟人关系很近的人。）

例 2：Who keeps company with the wolf，will learn to howl.

跟狼在一起，就会学会狼叫。（这里的 wolf 狼在英语中代指 an evil person 坏人。）

例 3：No cross，no crown.

不经苦难，哪来胜利？（Cross 在基督教里代表十字架，也代表耶稣基督，《圣经》中记载耶稣基督历经磨难，被钉死在十字架上。crown 在英语里代表王冠，是胜利的象征。）

例 4：If a donkey brag at you，don’t brag at him.

别和蠢人一般见识。（这里的 donkey 驴子在英语中暗含 a foolish person 愚蠢的人之意，因此，一提到 donkey 就会使人联想到 fool 蠢人。该谚语就是借用 donkey 来代指 fool。）

例 5：Homer sometimes nods.

智者千虑，必有一失。（Homer 荷马是古希腊著名诗人，也是 wiseman 智者的代名词，这里借用 Homer 来代指 wiseman，生动地说明了“人有失错，马有失蹄”这一道理。）

例 6：Rome was not built in a day.

冰冻三尺，非一日之寒。（该谚语也经常直译为“罗马不是一天建成的”，其中 Rome 代指宏伟事业、伟大成就。这句谚语教导我们：要成就大业，既需要时间，又需要有锲而不舍的精神。）

无论是习惯用语还是谚语，在运用上述三种方法时还必须注意以下几点。

1. 汉语和英语中有许多习惯用语及谚语反映各自的民族或地方色彩，英译汉时一方面应当注意保存这种特色；另一方面应当注意不要用中文中的习惯用语硬套英语的习惯用语，以致和原作的上下文形成矛盾。例如，Two heads are better than

one 和汉语习惯用语“三个臭皮匠胜过诸葛亮”虽然有相同的意义，但在英译汉时不应套用后者，因为诸葛亮是我国的一个历史人物，与原作上下文会形成矛盾。如果把它译为“一人不及两人智”就比较合适，意思既不走样，又可避免因民族色彩所引起的矛盾。

2．有些带有浓厚民族色彩、地方色彩或具有典故性的英语习惯用语及谚语，译成汉语时必须加注才能交代清楚原意。例如，仅仅把 To carry coals to Newcastle 译为“运煤到纽卡索，多此一举”，还是不够的，因为这里虽然已加上“多此一举”来揭示前半部比喻的含义，但读者对“纽卡索”还是不能理解，必须加注，说明“纽卡索”是美国的一个产煤中心地，运煤到纽卡索是多余的事。

3．英语习惯用语或谚语常常以缩略的形式出现，如以下几例：Jack of all trades and master of none（杂而不精的人），可缩略为 Jack of all trades，含义不变；If you run after two hares，you will catch neither（脚踏两只船，必定落空），可缩略为 To run after two hares，含义也不变；It’s no use crying over spilt milk（作无益的后悔），可缩略为 To cry over spilt milk，含义也不变。

译者必须首先熟悉这种英语常用习惯用语并注意其简化现象，才能为英语简化习惯用语的汉译创造条件。

由此可见，在日常翻译教学中，必须既帮助学生准确、连贯、清楚地用汉英互相表达，又通过翻译练习提高他们的英语兴趣，拓宽他们的知识面。总之，了解所教学生的文化及语言知识水平，可以帮助教师找到更好的翻译教学方法，有步骤、有计划地引导学生，在大量实践的基础上，使学生能直接、迅速地吸收并掌握知识及方法，提高翻译水平。

第三节　翻译在地域文化差异中存在的问题

中英两国在生存地域环境方面存在不小差异，如英国是一个岛国，历史上航海业一度领先世界，而中国在亚洲大陆，人们的生活离不开土地。语言承载着不同民族文化特色和文化信息，因此在英汉互译时需要注意地域文化差异对翻译的影响。

在我国，河水普遍是向东南方向流的，因此才有了“一江春水向东流”“请君试问东流水”和“大江东去”的诗句。但在欧洲，由于地形、地势的不同，河流大多向西北方向流入大海。所以中国的古诗“功名富贵若长在，汉水亦应西北流”（李白《江上咏》）就应该译成“But is sooner could flow backward to its fountains．/This stream，than wealth and honor can remain．”

在表达自然现象的语言中，汉语中“节气”的概念在英语中是没有的。常用的《现代汉英词典》中把“雨水”译成“Rain Water”，把“惊蛰”译成“Waking of Insects”，把“清明”译成“Pure and Brightness”，这些名称如不另加解释就没有什么意义。但有些“节气”的名称在英语中确实有相对应的词。例如：春分（Spring Equinox）、夏至（Summer Solstice）、秋分（Autumn Equinox）和冬至（Winter Solstice）。

在中国，自古以来便有“南面为王，北面为朝”，南为尊、北为卑的传统，人们经常说“从南到北，南来北往”，“南”的方位在说法上常常置前。而英语恰恰相反，英国人从地域文化上来理解汉语中的“从南到北”，汉译英时自然是“from north to south”。还有诸如“西北”“西南”“东北”“东南”之类的方位词语，在英语中也与汉语相反，分别为“northwest”“southwest”“northeast”“southeast”。

就“东风”与“east wind”而言，汉英两种文化里词语所指的意义相同，但内涵截然不同。在中国人的心目中，“东风”象征春天，有“东风报春”之说；而英国的“东风”则是从欧洲大陆北部吹来的，象征“寒冷”“令人不愉快”，所以英国人讨厌“东风”。相反，英国地处西半球，报告春天消息的却是西风，英国著名诗人雪莱的《西风颂》（Ode to the West Wind）就是对春的讴歌。

在地域文化差异方面，再以一些谚语和习语为例来说明。中国自古以农立国，农业人口多，故不少谚语、习语跟农业有关。相比之下，英国是岛国，英国人喜欢航海，故不少谚语、习语源于航海事业。翻译这些谚语、习语也要根据具体情况采用不同的翻译方法。有些可以用直译法直接翻译，如 to go with the stream（随波逐流），Still waters run deep（静水流深），Hoist your sail when the wind is fair（好风快扬帆），A small leak will sink a great ship（小洞不补要沉大船）。所有的语言中都有比喻。例如，形容花钱大手大脚，英语是 spend money like water，而汉语是“挥金如土”。英语中有许多关于船和水的习语，在汉语中没有完全相同的对应习语，如 to rest on ones oars（暂时歇一歇），to keep ones head above water（奋力图存），to be all at sea（不知所措）等。可见，两个不同的民族，由于地理环境不同，他们观察事物、反映客观世界的角度和方式并不一致。所以翻译切忌照词典上的词义逐词逐句对译，不合习惯的词会使信息出差错或使读者觉得美中不足。

第四节　翻译在不同宗教文化背景下存在的问题

宗教文化是人类文化的一个重要组成部分，与宗教信仰有关的习语也大量地出现在英汉两种语言中。在西方许多国家，特别是在英美，人们信奉基督教，相关的习语如“God helps those who help themselves”（上帝帮助自助的人），也有“Go to hell”（下地狱去）这样的诅咒。中国人说“菩萨保佑”，西方人则说“God bless you”（上帝为我们祝福）；中国人说“天知道”，西方人则说“God knows”（上帝才知道）。对于宗教方面的差异，在英汉互译时应进行变通，或替代或释义或注解。例如，“临时抱佛脚”译为“Seek help at the last moment”，而“道高一尺，魔高一丈”译为“The more illumination，the more temptation.”再如，谚语“Merry in Lent，and you will live to repent”（四旬斋结婚，悔恨终生）这一说法源于四旬斋（Lent）这一宗教节日：节日期间，基督教徒素食苦行，把斋期当作赎罪的神圣日子，因此人们认为斋期会给人带来厄运。具有宗教色彩的 cross 一词在英语谚语中的用法很多。谚语“Every man must bear his own cross（人人都得背自己的十字架）”。又如“The cross on his breast and the devil in his clothes（十字挂胸前，鬼魅藏心间）”。英语谚语中，有不少是来源于《圣经》的。例如，谚语“Every heart has its own ache（各人有各人的苦衷）”就是来源于《圣经旧约箴言》中的“Every heart knows his own bitterness”一句。再如，谚语“Forbidden fruit is sweet（禁果分外甜）”，语出《圣经创世纪》关于夏娃（Eve）在伊甸园偷吃智慧果（即禁果），惹恼上帝耶和华的故事。

在西方文化中，许多历史典故来源于古希腊和古罗马神话及圣经故事。如“You are lust a doubting Thomas．You won’t believe what I tell you．”这句话中的“doubting Thomas”源于圣经故事，“Thomas”是耶稣十二门徒之一，此人生性多疑，后来英语中使用它表示多疑之人。理解了其中的文化内涵，便可将其译为“你这个人真多疑，我说什么你都不信。”

汉语谚语：“一个和尚挑水吃，两个和尚抬水吃，三个和尚没水吃”，可用英语中现成的成语：“One boy is a boy；two boys are half a boy；three boys are no boy．”谈到宗教文化对翻译的影响，最典型的例子莫过于《红楼梦》第六回中成语“谋事在人，成事在天”的不同译法。杨宪益、戴乃迭夫妇将其直译为“Man proposes．Heaven disposes．”因为在佛教文化中“天”具有主宰万物的威力；而英国汉学家霍克斯把它意译为：“Man proposes；God disposes．”这两种译文考虑到不同的宗教背景采用不同的翻译方法。

另外，在很多英语国家中，基督教的影响甚远，人们的很多生活习惯、思想观念都受它的制约和影响。习语自然也不例外。《圣经》是基督教神论观点的经典之作。其中的一些人物和故事经过长时间的流传，逐步形成了习语，更加生活化地被人们运用到社会活动中；甚至一些经典的短句和词语随着时间而沉淀，被人们广为传颂，直接成为习语。此外，希腊神话、罗马神话和伊索寓言中的故事对于英语文学影响颇深，并且渗透到英语文化的各个领域，更为英语习语留下了很多成语典故。由宗教和寓言神话衍生的习语往往具有一定的文化背景和来龙去脉，深陷在文化的氛围中。如关于普罗米修斯（Prometheus）的习语“Promethean fire”（普罗米修斯之火——生命力）、“Promethean unguent”（能令人刀枪不入的神药），而“writing on the wall”“make bricks without straw”（做无草之砖——吃力不讨好的事情，根本做不到的事情），这些都是《圣经》留给英语的习语。与之形成对比的是，千百年来，我国受佛教影响很深，很多传说、神话都源于佛教。因此，汉语中有不少成语都与佛教有关。如“借花献佛”“五体投地”“放下屠刀，立地成佛”。

英国人类学家泰勒（Tylor Edward）在《原始文化》一书中提出了文化的经典定义：文化是一个复杂体，其中包括知识、信仰、艺术、法律、道德、风俗以及其余社会上习得的能力与习惯。人类所创造的一切都属于文化现象，语言属于，习语更属于，他们在发展文化的同时都深受文化各个方面的影响。

参考文献

蔡基刚．中国大学英语教学路在何方[M]．上海：上海交通大学出版社．2012．

陈品．大学英语教学理论与实践[M]．天津：南开大学出版社．2013．

程东元．外语教学技术[M]．北京：国防工业出版社．2008．

崔刚，孔宪遂．英语教学十六讲[M]．北京：清华大学出版社．2009．

杜秀莲．大学英语教学改革新问题新策略[M]．济南：山东大学出版社．2011．

范革新．英语教学策略与方法[M]．北京：知识出版社．2005．

冯莉．大学英语语法教学理论与实践[M]．长春：吉林出版集团有限责任公司．2009．

高立波．经典教学案例与创新课堂设计[M]．北京：世界知识出版社．2006．

何少庆．英语教学策略理论与实践运用[M]．杭州：浙江大学出版社．2010．

束定芳，庄智象．现代外语教学理论、实践与方法(修订版)[M]．上海：上海外语教育出版社．2008．

教育部高等教育司．大学英语课程教学要求[M]．北京：外语教学与研究出版社．2007．

穆雷．中国翻译教学[M]．上海：上海外语教育出版社．2012．

鲁子问，王笃勤．《英语》[M]．北京：高等教育出版社．2008．

陆宏，孙月升．信息技术与课程整合的理念与实施[M]．北京：首都师范大学出版社．2007．

马颖峰．网络环境下的教与学[M]．北京：科学出版社．2005．

皮连生．英语学习与教学设计[M]．上海：上海教育出版社．2004．

张美芳．中国英汉翻译教材研究(1949－1998)[M]．上海：上海外语教育出版社．2001．
钱俊生，余谋昌．生态哲学[M]．北京：中共中央党校出版社．2004．
束定芳．外语教学改革：问题与对策[M]．上海：上海外语教育出版社．2004．
赵萱，郑仰成．科技英语翻译[M]．北京：外语教学与研究出版社．2006．
孟琳．浅谈英语应用能力考试的翻译技巧[J]．技术与教育，(1)：73-75．2008．
陈勇．CIPP 评价模式在高职商务英语专业商务实践类课程中的应用研究[J]．长春教育学院学报，29(17)：131-133．2013．
姜男．“互联网+”时代大学英语网络课程的应用[J]．文化创新比较研究，(9)．2018．
顾宝珠，吴献春，廉勇．高职院校旅游英语课程教学的探索与实践[J]．承德石油高等专科学校学报，(1)．2010．
夏纪梅．现代外语教材练习的质量观——兼谈现代外语教材的师培功能[J]．外语界，(1)：22-25．2002．
宋海波，廉勇．浅析语言学习内控观对大学英语教学的影响[J]．石油教育，(5)．2015．
罗选民．中国的翻译教学：问题与前景[J]．中国翻译，(4)：56-58．2012．
李鑫湲．“互联网+”背景下高职院校英语教师发展面临的危机及对策[J]．才智，(25)：41．2017．
史爱华，廉勇，胡智勇，王薇．英语和汉语语序异同对比[J]．承德石油高等专科学校学报，(6)．2014．
刘建金．大学英语教学中植入中国文化内容的意义及策略[J]．世界教育信息，(17)：69-71．2012．
祁琳，纪楠，邵海燕．网络技术发展背景下的英语教学革新——评《英语语言教学改革与创新——互联网+教育探讨》[J]．教育理论与实践，(26)．2016．
曲佳，廉勇．基于 Microsoft．NETFramework2．0 技术图书馆期刊发布系统的研究与实现[J]．现代情报，(8)．2006．
孙雅君．“互联网+”时代高校英语课堂教学的思考[J]．吉林农业科技学院学报，(02)：97-98．2017．

孙潇澜．互动教学理论在空管英语课堂中的应用研究[D]．吉林大学．2012．

孙敏．新课改下的合作学习在高中英语教学的研究[D]，辽宁师范大学．2010．

曹剑波．英语交际教学法与英语传统教学法在初中课堂的结合与应用[D]．辽宁师范大学．2009．

广瑜．文化语境与高中英语教学[D]．辽宁师范大学．2010．

徐亚辉．《黑龙江高教研究》2007 年第 2 期上发表的《大学英语人文教育创新研究》．

张广林、薛亚红．《北京交通大学学报(社会科学版)》2009 年第 4 期上的《大学英语教学中的人文素质教育刍议》．